理性的非理性

10個行為經濟學關鍵字，
工作、戀愛、投資、人生難題最明智的建議

鄭毓煌、蘇丹——著

CONTENTS
目錄

第二章

評估模式

CONTENTS

目錄

第三章

折衷效應

不只中國人喜歡中庸之道　097

CONTENTS

目錄

第四章

沉沒成本
堅持不易，但放棄更難

第五章

損失規避

敢不敢冒險，會不會說話 165

CONTENTS

目錄

第七章

心理帳戶

爲什麼錢和錢不一樣？ 223

CONTENTS

目錄

第八章

交易效用

第九章

錨定效應

好的開始是成功的一半　285

CONTENTS

目錄

※ 本書未標示幣值之金額，皆以台幣兌人民幣約1：4.5之匯率，換算為台幣。

各界推薦

如果我們觀察消費者的購物行爲，即便是世界上最優秀的經濟學家，也會感到迷惑不解。鄭教授的《理性的非理性》一書，將行爲經濟學這個相對較新的研究領域，與心理學和行銷學完美地結合起來，爲人們看似「非理性」的行爲，提供了重要的洞察和清晰的解釋。書中不僅有全球知名的商業案例，還包含了大量的在地案例，充分體現了中國市場的特殊性。爲什麼顧客並非如他們所表現的那樣「非理性」？對於每一位想好好理解這一問題的商業人士來說，這都是一本必讀的書！

——**大衛・雷伯斯坦 David Reibstein／美國行銷協會前主席、華頓商學院講座教授**

鄭教授完美地將研究中的發現與洞察應用於生活。正如他在清華─中歐─哈佛高級經理人課程中教授眾多企業家那樣，他給出大量引人入勝的案例，幫助讀者準確掌握消費者行爲的重要原則。企業高階主管如果想做出更好的決策，《理性的非理性》是一本不可不讀的書！

——潘夏琳 Lynn Sharp Paine／哈佛商學院高級副院長、講座教授

透過大量的眞實商業案例，鄭毓煌博士的《理性的非理性》一書生動地展示了人們爲什麼會經常做出「非理性」的行爲決策；同時，他還揭示了這些「非理性」行爲背後的「理性」規律。對於希望更深入了解消費者，並做出正確決策的企業管理者來說，這是一本必讀的書！

——湯瑪斯・羅伯森 Thomas Robertson／華頓商學院前院長、講座教授

鄭毓煌博士的這本書，完整介紹心理學中關於人們如何進行判斷與選擇、消費者如何進行決策等最重要和最令人驚嘆的發現。我相信在讀完這本書之後，你一定會忍不住把這些發現與洞察和你的朋友們分享。

——大塔瑪・賽門森 Itamar Simonson／史丹佛大學商學院講座教授

極富表達力的鄭毓煌教授以《理性的非理性》一書，深入淺出地介紹行爲學中最重要的十個研究發現，包括諾貝爾獎得主們的研究成果。管理學可以很「親民」，與人們的日常生活息息相關，也因此會「新民」，能夠啓發和提升人們的覺悟與行

動。活讀、活用這本書，你將有能力洞察自己和他人的「非理性」行爲，也有機會讓這些洞察產生更大的商業價值、社會價值。

——楊斌／清華大學副校長、經濟管理學院教授

閱讀這本書有一種獨特的感受。每個人都是一個謎，正如本書所呈現的那樣，感情的微妙與人性的複雜貫穿在人的生活之中。人們爲什麼經常做出「非理性」的行爲決策？到底是什麼在理性之外左右著人們的言行？本書會讓你找到答案。

——陳春花／北京大學國家發展研究院 BiMBA 商學院院長、王寬誠講座教授

前言

哲學家海德格曾經說過，每個人都是一個謎。

人類是最難了解的對象。儘管我們會付出時間和心思去接近、了解和探知他人的內心世界，但他們的所作所爲還是常常出乎意料。

如果站在更廣闊的視角來解讀人類行爲，那難度就更大了。紐約、東京、香港、羅馬、杜拜、里約……或是更偏僻的地方，如伊拉克的巴斯拉、印度的瓦拉納西、挪威的特隆赫姆，各色人種用各種謎一般的語言和文字，向我們展示他們迥異的生活習慣和風俗文化。我們在感受到世界的豐富多彩的同時，也更加困惑。因爲我們不知道，在阿拉伯人嚴密包裹的黑色面紗或斯堪地納維亞人矜持的笑容背後，究竟發生著什麼？

然而，這本書要告訴你的是，**無論了解一個人有多麼困難，也無論他人看上去有多麼不同，人們的言行都被一些共同規律所引導著。這讓我們在理解和預測他人的行為時更有章可循**。這些發現開闊了我們的視野，也讓我們能夠在他人身上不時地看到自己的影子。

今天，當世界逐漸融合爲一個市場，當網路讓人們之間以及企業與顧客之間的距離變得更近也更遠時，這種解讀人類行爲的能力就顯得尤爲重要。具備這種能力的人，能夠以更開闊而共通的方式來思考問題。具備這種能力的企業家和企業管理者，將更有力量和機會征服全球市場。

由於這些規律的共通性，也由於它們能夠引發的巨大商業價值，對這些規律的研究和發現，就有重要的現實意義。從六〇、七〇年代開始，一群爲數不多的行爲經濟學家、心理學家和消費者研究學者，對人們的判斷和決策行爲產生了濃厚興趣，他們透過心理學實驗的方法來探索問題和驗證理論假設，並將研究成果發表在學術期刊上。然而，遺憾的是，這些豐富而寶貴的研究發現，幾十年來只躺在厚厚的學術期刊和專業著作裡，並不爲政策制定者、企業管理者和大眾消費者所知。

人們尊重學術研究，然而，更多的時候卻不知道學術研究爲何物，覺得學術研究無法實踐。正因爲如此，每當我們向別人介紹自己的工作時，一提到「學術研究」一詞，對方的語氣裡就不免添上一層敬而遠之的距離感：「原來您是做研究的，眞是了不起。」言下之意其實是「我不懂你們在說些什麼」。學術研究就這樣被放進了高高在上的神壇，變得越發抽象、複雜和冷僻，也越發遠離了生活中最眞實的喜怒哀樂和柴米油鹽。

在很多人看來，學術研究只存在於理論層面，毫無實踐意義。甚至在學術界內部，也有不少學者批評今天的學術研究已經嚴重脫離實際，不過是職稱考核和晉升的遊戲規則而已，從而導致大量遠離實踐的「八股文」出現。

於是，我們看到了一個矛盾現象：一方面，這個時代最聰明的頭腦（他們可都是獲得人類最高學位的博士）堅持不懈地進行學術研究；另一方面，大多數人卻認爲這些學術研究只具備理論意義，與企業管理實踐及人們的生活相去甚遠。

我們認爲，是時候改變這種局面了。

本書的根本用意是要讓每位讀者看到：學術並非無用，研究也從未遠離實踐。研究不僅與人們的日常生活息息相關，而且它的管理啓示還具有巨大的商業價値。

讀過這本書，你將會明白：

怎樣讓原本滯銷的產品變暢銷？

爲什麼星巴克咖啡會風靡世界？

爲什麼理髮店的價目表要這樣設計？
爲什麼人們不願意賣掉已經虧損的股票？
爲什麼電視購物廣告會讓人欲罷不能？
又是什麼讓蘋果在Mac與PC之爭中反敗爲勝？

今天，這些對人類判斷和決策行爲規律的洞察，時刻都在商業中發揮著巨大的作用，運用得當的企業可以將它們轉化爲實實在在的經濟利益。而在這方面，中國的企業和企業家還處於弱勢。在這本書裡，我們希望透過自身微薄的努力，讓企業家和企業管理者了解和分享這些寶貴的知識財富，並期待中國企業處於弱勢的局面在不久的將來能夠因此得到改變。

本書的另一個意圖，則是要展現感情的微妙和人性的複雜。人們並非像自己所認爲的那樣，能停留在理智的層面做出每一個決定。生活的根本原動力來自欲望、激情、愛憎、悲喜，來自平靜外表下波瀾起伏的情緒和衝動，也來自每個人身上潛藏的弱點和缺點。正是這些看不見的非理性情緒和感覺，在理性之外左右著我們的言行。傳統「理性」經濟學所不能回答的問題，在「非理性」的行爲學中卻能得到完美的解答。當我們運用科學方法冷靜地分析和解讀它們的時候，這些情緒和感覺就會反過來，指引我們揭開人性深處的祕密，讓我們獲得理性之外的智慧。在閱讀這本書之後，相信你也會獲得一雙更明亮的眼睛，一種兼具「理性」與「非理性」的更完整的智慧。

我們衷心感謝那些致力於研究人類非理性行爲規律，以及熱心支持本書出版的學者，是他們的貢獻和幫助使得本書付梓成爲可能：（以姓氏字母排序）杜克大學商學院的丹・艾瑞利（Dan Ariely）教授、俄亥俄大學的霍爾・亞科斯（Hal Arkes）教授和凱瑟琳・布魯默（Catherine Blumer）教授、芝加哥大學商學院的奚愷元（Christopher K. Hsee）教授、杜克大學的喬爾・胡伯（Joel Huber）教授、普林斯頓大學的丹尼爾・康納曼（Daniel Kahneman）教授、史丹佛大學商學院的伊塔瑪・賽門森（Itamar Simonson）教授、芝加哥大學的理查・塞勒（Richard Thaler）教授、史丹佛大學的阿莫斯・特沃斯基（Amos Tversky）教授、耶魯大學的拉維・達爾（Ravi Dhar）教授、哥倫比亞大學的朗・奇維茲（Ran Kivetz）教授、多倫多大學的迪利普・索曼（Dilip Soman）教授等等。

對本書有所貢獻的學者眾多，實在難以一一盡數，對那些未在此處列出名字的學者，我們要向他們致以同樣的衷心感謝和尊重。正是他們的聰明才智和對學術研究幾十年如一日的「非理性」執著，讓行爲學有了今天的規模和成就。我們希望，學術不僅能夠更加爲人所知、所用，而且有更多的學者投入研究人們的行爲規律，進一步推動人類認識和實踐。

鄭毓煌
蘇丹
二〇一三年七月於清華園

第一章

對比效應

不怕不識貨，就怕貨比貨

為什麼要在優質夾克旁邊再掛一件品質較差而價格更高的夾克？
為什麼麵包機滯銷，還要再推出一款更大、更貴的麵包機？
如何在政治選舉中巧妙攻擊對手的弱點？

「對比效應」告訴我們，消費者並不像傳統經濟學原理所說的那樣，客觀地根據每個產品的價格和品質進行獨立判斷，而是經常受到決策情境的影響。

如何讓滯銷商品變暢銷？

一個週六上午，八點三十分，陽光斜射進清華園的教室。我正在爲大約六十名來自全國各地的企業高階主管講課。也許是因爲連續多天高強度的學習，很多學員看起來有點睏。

爲了振奮一下大家的精神，讓一天的課程有好的開始，我拋給了學員這樣一個看起來不難的小問題：「如果你開一家服飾店，有一件男士夾克，品質不錯，價格一千人民幣，但是賣得不好，有什麼好辦法可以讓這個滯銷商品更容易賣出去？」

這時，全班都開始思考起來，睏意在他們臉上消失了。

有個學員率先發言：「打五折銷售，降價爲五百元。消費者都喜歡打折。」

我追問：「這個方法確實可以更容易賣出去，但是企業損失了利潤。這件夾克的成本可能是七百元，降價爲五百元就虧本了。如何既不降價，又更容易賣出去呢？」

另外一個學員說：「那就將標價改爲兩千元，然後打五折，以一千元的特價銷售。」

我再追問：「這個方法確實不錯，很多商店都用打折吸引顧客。然而，如果原價是一千元，促銷時卻說原價是兩千元，然後打五折銷售，這在中國涉嫌違法。」

這時，又有另外一個學員說：「俗話說，只買貴的，不買對的。乾脆直接漲價，將價格加個零，標價爲一萬元。」

我又追問：「確實有些顧客可能是這樣，但大多數顧客不會這麼不理性。而且，一般只有對產品品質非常不了解的情況下，消費者才會用價格的高低來判斷產品的品質。如果這件夾克只是一般品牌，消費者很容易判斷它的品質，那麼標價爲一萬元，估計只會永遠賣不出去。不信的話，你把原價三萬人民幣左右的奇瑞 QQ 汽車加一個零，賣三十萬，賣得出去嗎？」

這時不少學員都笑了起來，更多的學員則陷入沉思。

最後，有個學員舉起手說：「這樣如何？這件夾克仍然標價一千元，但是在它的旁邊掛上另一件品質較差的夾克，標價卻是一千五百元。」

我會心地笑了，說：「不錯，這正是我今天想告訴大家如何讓滯銷商品暢銷的一個方法。」

這位學員得到了全班同學熱烈的掌聲。

爲什麼這個方法不錯？我們想賣的這件一千元的夾克（目標商品）價格雖然沒

有改變，但是在它旁邊掛上一件品質較差但價格卻高達一千五百元的夾克（對照商品），這樣消費者就會對這兩件夾克進行比較，而更有可能買走那件一千元的夾克。因爲相比之下，它顯得物美價廉！

對比效應

這就是市場行銷和消費者行爲學中神奇的「對比效應」。有時候，爲了更具體地理解，我把它稱爲「找托效應」。

對比效應之所以神奇，主要是因爲這違背了傳統經濟學原理。

我們回顧一下傳統經濟學原理。在封閉的市場裡，有A產品和B產品在競爭，A產品品質更好，但B產品價格更優惠。A產品和B產品都有一定的市占率：更關心品質的人付出高價選擇A，更關心價格的人則選擇B。

這時，如果加入任何一個C產品，傳統經濟學原理認爲，A產品和B產品的市占率都會因爲新的競爭對手加入而下降。

然而，對比效應卻告訴我們，如果加入的C產品在各方面都不如B產品（這時，C產品就是B產品的「托」），那麼，B產品的市占率不僅不會下降，反而還會因爲和C產品的對照而獲得優勢，市占率上升。

啤酒實驗

「對比效應」是誰發現的呢？一九八二年，美國知名行銷學者、杜克大學的喬爾．胡伯教授和他的同事約翰．佩恩（John Payne）教授，以及克里斯多夫．普托（Christopher Puto）博士一起在美國《消費者研究學報》上發表了一篇論文，透過啤酒實驗，第一次驗證了對比效應的存在。

二〇〇六年，我應邀去武漢大學舉行的中國行銷科學學術年會進行專題演講時，正好遇到了也應邀去演講的胡伯教授。當時，我的第一句話就是：「胡伯教授，您一九八二年關於對比效應的論文是我和博士生們最喜歡的經典論文之一！」

胡伯教授開心地笑了，對於一個學者來說，沒有什麼比自己的研究成果長期被大家喜歡更令人開心的了。在這篇經典論文中，實驗參與者被隨機分成兩組。第一組實驗參與者要在下列兩種啤酒中進行選擇：

啤酒Ａ：價格二·六美元，品質打七十分

啤酒Ｂ：價格一·八美元，品質打五十分

不難看出，啤酒Ａ品質更好，但價格更高。這時，有五七%的實驗參與者選擇啤酒Ａ，四三%的實驗參與者選擇啤酒Ｂ。

與第一組不同，第二組實驗參與者要在下列三種啤酒中進行選擇，其中啤酒Ａ和啤酒Ｂ與第一組實驗參與者看到的完全相同：

啤酒Ａ：價格二·六美元，品質打七十分

啤酒Ｂ：價格一·八美元，品質打五十分

啤酒Ｃ：價格一·八美元，品質打四十分

猜一下，實驗參與者的選擇會有什麼變化？

根據傳統經濟學原理，啤酒Ａ和啤酒Ｂ的市占率都會因爲新的競爭對手啤酒

C的加入而下降。然而，實驗結果卻表明，在第二組實驗參與者中，有六三%的人選擇啤酒B，比第一組的四三%增加了二〇%！

爲什麼？這就是神奇的對比效應的作用。在第一組中，由於啤酒A品質更好，而啤酒B價格更低，所以啤酒A和啤酒B很難說哪一個比較好。然而，在第二組中，啤酒C在價格上和啤酒B相同，但品質更差（這時，啤酒C就是啤酒B的「托」）。對照之下，啤酒B就顯得更優秀，選擇啤酒B也就有了更好的理由，選擇啤酒B的人自然上升。

由此可見，消費者的決策和選擇並不是如傳統經濟學原理告訴我們的那樣，客觀地根據每個產品的價格和品質進行獨立判斷，而是經常受到決策情境的影響。「對比效應」就是消費者決策受到情境影響的一種現象。

《經濟學人》雜誌實驗

美國知名行爲經濟學家、杜克大學的丹·艾瑞利教授也曾經驗證過對比效應，他是用《經濟學人》雜誌來做實驗。

說到艾瑞利，頗有些傳奇經歷。在以色列長大的他，十八歲那年在參加以色列工作學習青年聯盟的活動時，一顆鎂光照明彈意外爆炸，導致他全身七〇%的皮膚嚴重灼傷。然而，身體的傷痛並沒有阻礙他的成功。在付出比別人更多的努力之後，艾瑞利在美國北卡羅來納大學獲得心理學博士學位，又在杜克大學獲得行銷學博士學位。之後，他分別任教於麻省理工學院和杜克大學，成爲知名的行爲經濟學家。在發表學術論文之餘，還出版了一系列行爲經濟學圖書，皆名列《紐約時報》暢銷書。

在麻省理工學院任教時，艾瑞利教授曾經用《經濟學人》雜誌做實驗來驗證對比效應。在他的實驗中，實驗參與者被隨機分成兩組。第一組實驗參與者看到要訂閱的《經濟學人》雜誌，有兩個版本供選擇：

A：電子版，五十九美元

B：印刷版和電子版套餐，一百二十五美元

你會怎麼選擇呢？也許你認爲一百二十五美元的印刷版和電子版套餐太貴了，自己平時也習慣在網路上閱讀各種電子版新聞，所以選擇更便宜的電子版。事實上，大多數實驗參與者（六八％）和你一樣，選擇了電子版，其餘實驗參與者（三二％）選擇了印刷版和電子版套餐。

與第一組不同，第二組實驗參與者看到要訂閱的《經濟學人》雜誌，有三個版本供選擇：

A：電子版，五十九美元

B：印刷版和電子版套餐，一百二十五美元

C：印刷版，一百二十五美元

這時你會懷疑自己的眼睛。沒看錯吧？怎麼有那麼「傻」的選項C？與一百二十五美元的印刷版和電子版套餐（選項B）相比，一百二十五美元的印刷版（選項C）顯然非常「傻」，會有人選嗎？

實驗結果表明，確實沒有人選擇印刷版。但更重要的是，現在只有一六％的人選擇電子版，八四％的人選擇印刷版和電子版套餐。與第一組大多數人選擇A相比，第二組的選擇逆轉了，大多數人選擇B。

爲什麼？還是神奇的對比效應在發揮作用。在第二組的選項組合裡，印刷版是被印刷版和電子版套餐完全占據優勢的「托」，它的出現增加了印刷版和電子版套餐的吸引力。「對比效應」讓原本不受歡迎的印刷版和電子版套餐變成了熱門的選擇。

如果你覺得印刷版的價格「傻」得有點令人懷疑，可以將它的價格改爲一百二十美元，這時，雖然印刷版不再被印刷版和電子版套餐完全占據優勢，但兩者僅相差五美元（對一百二十美元來說，這點差別顯得微不足道），因此大多數人仍然選擇印刷版和電子版套餐。對比效應仍然繼續發揮作用！

上述的啤酒實驗和《經濟學人》雜誌實驗，雖然都只是學者們進行的實驗，但展現出來的「對比效應」卻對企業有非常大的啓發。**對企業來說，利用對比效應，引入對照商品，就能巧妙引導消費者的選擇，從而取得競爭優勢。對消費者來說，知道對比效應的存在，你的判斷和決策可以更理性。**

從無人問津到銷量翻倍

威廉斯索諾瑪是一家廚房用品公司，總部位於美國舊金山。多年前，它曾經推出一款家用麵包機，售價兩百七十九美元。產品推出後不久，發現無人問津，畢竟對於習慣在大街小巷的麵包店購買新鮮麵包的美國人來說，誰會願意花兩百七十九美元買一台平時用不太到的麵包機呢？

按照這樣的想法，威廉斯索諾瑪公司應該停止生產這款麵包機了。

但威廉斯索諾瑪公司解決問題的方法卻讓很多人意想不到，他們不僅沒有下架原來滯銷的產品，反而又推出一款新的麵包機，容量更大，價格也更高，高達四百二十九美元。新品上市後，原先滯銷的兩百七十九美元麵包機，銷量竟在短時間內翻了一翻！爲什麼原本滯銷的麵包機突然變得受歡迎呢？

不怕不識貨，只怕貨比貨！當消費者無法確定一個產品的價值時，就會尋求比較。原先的麵包機和新推出的昂貴麵包機相比，就顯得經濟實惠多了。威廉斯索諾瑪公司就是巧妙利用了「對比效應」，成功讓一款原本無人問津的滯銷品變成暢銷品。

生活中的對比效應

心理學和新聞傳播學裡的對比效應，與上述行銷學和行為經濟學中的對比效應相關，而且更加廣義。它是指我們對一件事物的感知，如溫度、顏色、形狀、大小、長短等，並不完全取決於事物本身，而是取決於它和什麼樣的東西放在一起。一件事物是否吸引人，很多時候源於周圍事物對它的「襯托」。

在我們的日常生活中，對比效應現象不勝枚舉。我是個籃球愛好者，閒暇時最喜歡看美國的ＮＢＡ比賽，偶爾也會關注中國的ＣＢＡ。有一次，我在看ＣＢＡ的電視轉播時，意外發現姚明被邀請當嘉賓評論員。不幸的是，這時緊挨著坐在姚明身邊的主持人顯得身材矮小，事實上，該名主持人身高大約有一百八十公分，和普通人相比是高個子。

我一位女同事分享過這樣的親身經歷。在中國，她的身材並不算苗條或纖瘦，而是比較豐滿，甚至微胖。有一次，她去美國紐約開會，順便去了位於曼哈頓中城、有「世界最大商店」之稱的梅西百貨買衣服。當時，她按照平時的習慣，請店員拿中號衣服給她試穿，結果完全出乎意料，她發現自己像是被裝進了一個麻布袋。於是店員幫她換上小號衣服，居然還是大了一圈，連店員都對她說：「我的天，你簡直太瘦了！」女同事告訴我，這是有生以來她第一次聽到別人拿「瘦」來形容她。那一刻，她一下子找到了當美女的感覺，非常開心地掏錢買下兩件「超小號」衣服。當她從梅西百貨出來時，不僅時裝收獲滿滿，信心也滿滿。

對比效應在日常生活中隨處可見，企業可以巧妙利用，打造讓人印象深刻的廣告和宣傳。

大東西和小東西

二〇〇三年一月七日，蘋果公司向全球推出新的產品廣告——「大東西和小東西」，隆重介紹最新的十二英寸和十七英寸兩款筆記型電腦。在廣告中，主演是NBA籃球明星姚明和好萊塢侏儒明星維尼．特洛耶。特洛耶在美國的名氣一點也不遜於姚明，他在九〇年代初期投身好萊塢，以特技替身的身分演出多部影片後，一九九六年主演的《王牌大賤諜》讓他躍升爲好萊塢炙手可熱的明星。同時，他也在眾多賣座影片如《哈利波特》中演出。

在廣告中，姚明和特洛耶搭乘同一班飛機，並且坐在頭等艙相鄰的兩個座位上。飛機起飛之後，姚明先拿出十二英寸的筆記型電腦，認眞看著NBA比賽影片。特洛耶看到這一幕，則拿出十七英寸的筆記型電腦，樂滋滋地看起了電影《臥虎藏龍》。

姚明看著自己的小螢幕電腦，再看看特洛耶的大螢幕電腦，羨慕之餘又有點忍俊不禁，最後兩人會意地相視而笑。

兩百二十六公分高的巨人與八十一公分高的侏儒，一百四十五公分的身高差距，以及反串式地手持不同尺寸的筆記型電腦，正是巧妙利用對比效應。「大東西和小東西」這部廣告為蘋果筆記型電腦吸引了足夠的眼球，也成為蘋果筆記型電腦最經典的廣告之一。

無獨有偶，中國的湖南衛視也用過類似的策略。二〇一二年一月，湖南衛視的春節聯歡晚會，為了吸引觀眾眼球，特別請來美國NBA傳奇明星「大鯊魚」俠客・歐尼爾。舞台上，主持人何炅跟歐尼爾打鬧得不亦樂乎，在「大鯊魚」面前，何炅看起來很嬌小。

兩百一十六公分高的歐尼爾只需伸手按住何炅的頭部，何炅就算再努力攻擊也束手無策。這對「最萌身高差」的大小組合當晚樂翻了觀眾和網友，成為晚會上最大的亮點。

利用對比效應的廣告

下面，我們來看一幅圖。在圖1.1裡，左右兩邊的黑線，哪個更長一些呢？

你是不是會覺得左邊的長一些呢？然而，兩邊的長度其實一模一樣。爲什麼左、右兩邊相同長度的黑線，你卻覺得左邊的更長一些？這是因爲左邊和右邊相比，左邊兩個圓圈之間的距離比右邊兩個圓圈之間的距離要長一些，視覺上產生了「拉長」效果。

也就是說，同樣的距離，右邊的感覺更短一些。相反，如果沒有圓圈的位置做對比，只是在左、右兩邊各畫一條黑線，我們很容易就能判斷出它們的長度是一樣的。

再看下面這個例子。在圖1.2裡，左右

圖 1.1　左右兩邊的黑線，哪個更長一些呢？

兩滴油，哪個看上去更大呢？右邊的，是不是？和不同大小的黑色背景相比，右邊的油滴顯得更大。也就是說，同樣分量的燃油，右邊的感覺更多一些。

再來看第三個例子。圖1.3中的兩個黑點，哪個顯得更大一些呢？左邊的黑點的確顯得更大一些，不是嗎？

我們的眼睛又在撒謊了。其實，左邊的黑點顯得更大，是因爲它被放置在一個更小的方塊中。對比效應再一次「扭曲」了我們的判斷。也就是說，同樣的載重，右邊的看起來更小一些。

你可能已經看出來了，這三幅圖並不是爲說明「對比效應」而專門設計的圖形，而是DDB廣告公司爲德國福斯商旅車New

圖1.2　左右兩滴油，哪個看上去更大呢？

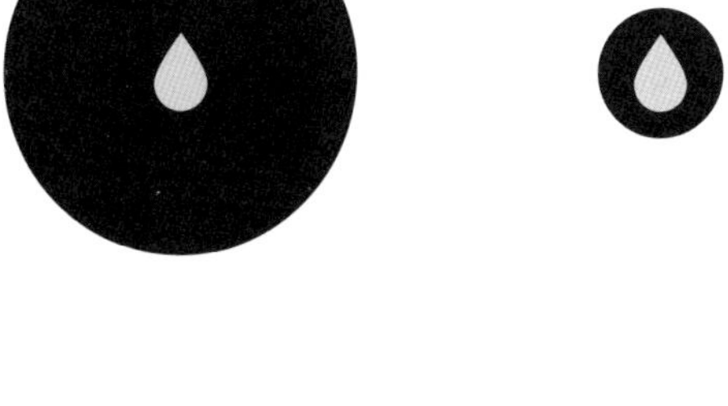

Caddy Maxi 所做的系列廣告。設計師在廣告中採用了極簡的表現方式：幾個抽象的幾何圖形，搭配寥寥數語，就突出顯示了新一代 Caddy Maxi 的三大優點：

一、速度快（同樣的距離，感覺更短）

二、省油（同樣分量的燃油，感覺更多）

三、空間大（同樣的載重，感覺更小）

看完這三則廣告，你是不是也有點喜歡這輛車了？雖然你還沒親眼見過這輛車，但它給人的感覺是穩健、實在、不浮躁，還有一絲德國式的嚴謹和「不廢話」。很多廣告公司都喜歡用詞語的堆砌來表現產品的特點，相比之下，採用「對比效應」手法的廣

圖 1.3　左右兩個黑點，哪個顯得更大一些呢？

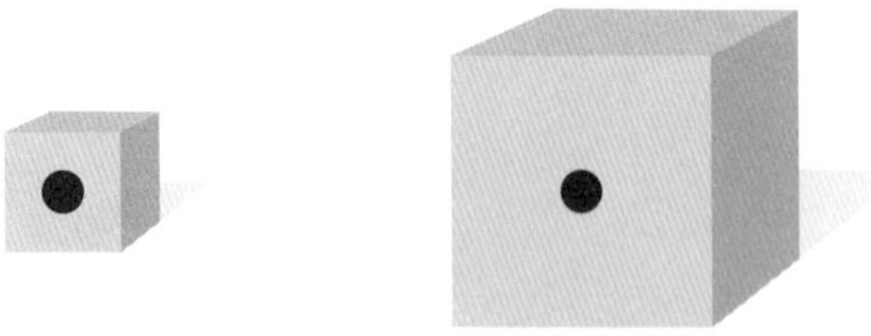

告則顯得直白、鮮明，讓人印象深刻。

基於對比效應的定位

企業除了可以利用「對比效應」來影響消費者的選擇，增強企業廣告和宣傳給消費者的印象之外，更重要的是，企業還可以透過與競爭者做對比來進行差異化定位。要知道，「定位」在二〇〇一年被美國行銷協會評爲「有史以來對美國行銷影響最大的觀念」。定位的意義非凡，不管怎麼強調它的重要性都不爲過。

二〇〇六年，蘋果公司著名的「Mac對PC」系列廣告就巧妙運用對比，將Mac和PC做了成功的差異化定位。眾所周知，蘋果的Mac一直和微軟Windows操作系統的PC在個人電腦領域競爭。從九〇年代到二十一世紀初，相當長的時間內，蘋果的Mac因爲相容性問題，市占率很小。無論是在企業還是個人用戶市場，PC都占有絕對的統治地位。蘋果公司因此陷入了困境。

爲了鼓勵消費者嘗試購買Mac，二〇〇六年五月，蘋果公司推出了著名的「Mac對PC」系列廣告，就巧妙運用了Mac和PC的對比。Windows操作系統的PC給人穩重、牢靠、不苟言笑的感覺，蘋果公司正是抓住了這一點，用PC的嚴肅、沉悶來反襯Mac的美觀、有趣，以及聰明、科學的設計。

在二〇〇六年五月播出的「Mac對PC」電視廣告中，Mac和PC見面了。

「你好，我是Mac。」穿著牛仔褲的Mac說。

「你好，我是PC。」西裝筆挺的PC說。

「我會做很多有趣的事情，例如音樂、照片和電影。」Mac說得很輕鬆。

「我也會做一些『有趣』的事情，比如時間表、電子試算表，還有圓餅圖。」

PC態度有些緊張，不甘示弱地反駁。

兩相對比，Mac顯得輕鬆、自然、貼近生活，PC則顯得刻板、拘謹、難以溝通。透過對比，蘋果公司告訴人們，Mac不僅具備PC的各種實用功能，如編寫文檔、收發郵件、分析製表等，更重要的是，Mac還具備PC所不具備的生活、創意的樂趣。

蘋果公司這系列「Mac對PC」的廣告攻勢從二〇〇六年一直持續到二〇〇九年底，一共製作了六十六部短片（每段三十秒），並邀請賈斯汀·隆扮演

Mac，邀請約翰．霍奇曼扮演PC。在這一系列廣告中，Mac的形象輕快、有活力，而PC的形象則有些陳腐、愚鈍。整個系列廣告在輕鬆幽默之中，又帶有幾分對PC的犀利嘲諷。

消費者對這系列廣告的反應是「很喜歡」，覺得它「輕鬆有趣」。在持續的對比當中，Mac的優勢越來越明顯。越來越多人開始了解Mac的優點和風格，也有越來越多的PC用戶開始購買並使用Mac。考量到很多用戶一開始只熟悉Windows操作系統，轉到Mac操作系統是需要花時間學習和了解的，決定改用Mac，說明了他們對Mac的喜愛程度，也證明了蘋果公司採用清晰、有效的對比策略，收到良好的效果。

根據知名市場研究公司顧能發布的數據，近年來，全球個人電腦市場銷量增長幾近停滯，甚至倒退，然而，蘋果電腦的銷量和市占率卻連續多年逆勢上升，目前已成爲個人電腦市占率第四的廠商，僅次於聯想、惠普和戴爾。

面對蘋果電腦銷量持續上升，微軟的高層在受訪時承認，微軟的品牌形象已變得「陳腐」。要是蘋果公司沒有運用這樣成功的對比策略，電腦市場也許不會呈現出今天這樣戲劇性的變化。

微軟的反擊

在蘋果公司連續推出六十六部「Mac對PC」系列廣告之後，微軟公司終於忍無可忍，宣布將斥資三億美元進行廣告宣傳，反擊蘋果公司的「Mac對PC」系列廣告。有趣的是，微軟居然推出了針鋒相對的「PC對Mac」系列廣告。

二〇〇九年九月，微軟的創始人比爾．蓋茲親自出馬，並以一千萬美元的高價邀請美國知名退休喜劇演員傑里．賽恩菲爾德與比爾．蓋茲合拍電視廣告，以應對蘋果公司賈斯汀．隆和約翰．霍奇曼合演的「Mac對PC」系列廣告。在這系列廣告裡，比爾．蓋茲和賽恩菲爾德都去普通商店購物，並住進一戶普通人家裡，和他們一起吃飯、打乒乓球，試圖融入普通人的生活。這似乎是微軟想表達的：「我們雖然是精英，但我們也可以很平易近人，很貼近生活。」

微軟在廣告中試圖凸顯PC的成熟、穩重，將Mac貶低爲幼稚、業餘、不負責任。

然而，這些廣告並沒有收到期待的效果。人們除了看到比爾．蓋茲抱怨吃剩飯剩菜，以及賽恩菲爾德不熟練的抽球動作，大多數觀眾在看完之後並不知道廣告要說什麼。如果希望利用喜劇演員來凸顯ＰＣ的有趣性和娛樂性（蘋果公司在「Ｍａｃ對ＰＣ」系列廣告裡攻擊ＰＣ無趣和乏味），選擇退休喜劇演員賽恩菲爾德似乎也是個錯誤（爲什麼不採用當紅明星？），反而凸顯了ＰＣ的不夠時尚、缺乏創新。結果，由於迴響不好，微軟兩週之後便停播了廣告。

二〇〇九年十月，微軟宣布推出Windows 7。爲了反擊蘋果Ｍａｃ的攻勢，微軟在Windows 7的網站上還設立了一個「Windows 7對Mac OS X」頁面，對比項目包括娛樂性、簡單性、工作性、共享性、相容性、選擇性等。在評價Ｍａｃ時，微軟用「Ｍａｃ可能讓你掃興」「Ｍａｃ需要花時間學習」「Ｍａｃ無法幫助工作或學習」「Ｍａｃ不喜歡分享」「Ｍａｃ不讓你選擇」等強烈的對比字眼。但總體來說，儘管微軟同樣運用了對比的策略，它的反擊卻收效甚微。

爲什麼讓蘋果大獲成功的對比策略，在微軟身上就難以發揮作用？

我們可能會注意到，對比策略不但沒有如微軟所期待的那樣提高品牌形象，甚至造成反作用，讓人們看到了微軟ＰＣ的平淡和乏善可陳，以及蘋果Ｍａｃ的時尚和創新。爲什麼會出現這樣的結果？

顯然，並不是所有的品牌都能從對比中受益，這取決於兩方面：第一，該品牌是否適合運用對比；第二，它是如何運用對比。

在微軟的「PC對Mac」例子中，我們可以看到，PC本身並不是一款有鮮明特色的產品。若說PC可以爲自己的沉穩、成熟、專業而感到驕傲，不如說這些特點是蘋果在「Mac對PC」系列廣告的對比中賦予PC的。PC似乎是按照功能強大、性能卓越的原則來設計製造，然而，這也正是它的弱點所在：哪一款電腦不是按照這樣的原則來設計製造的呢？微軟的PC也因此顯得缺乏個性。

總之，**對於缺乏個性的品牌，對比是不適用的，它很可能會讓競爭品牌看起來更有吸引力**。

黑莓機的慘敗

除了Mac市占率上升之外，蘋果公司近年來的成功，主要應歸功於二〇〇七年一月發布、二〇〇七年六月上市的iPhone，這是迄今爲止全球最暢銷的智慧型手機。然而，在二〇〇七年蘋果剛發布iPhone之際，全球智慧型手機的領導者毫無疑問是黑莓機。那麼，蘋果的iPhone是如何戰勝黑莓機的呢？

黑莓機的製造商是創立於一九八四年的加拿大黑莓公司（前稱RIM公司）。早期，黑莓公司默默無名。眞正使黑莓公司聲名大振的是一九九九年推出的黑莓手提無線通信設備。黑莓機的最大特色是支持電子郵件無線傳送，並且可以安全加密，和企業內部網路整合，便於企業IT部門採用。大部分黑莓機還擁有小型且完整的QWERTY鍵盤，方便使用者輸入文字。

作爲全球第一款可以隨時隨地閱讀和回覆電子郵件的手機，黑莓機讓商務人士第一次擺脫了對個人電腦的依賴，大大提高了辦公效率，所以一推出就受到商務人士，特別是企業高階管理人員的歡迎。

自此，黑莓機開創了全球智慧型手機的時代。二〇〇六年，黑莓機在美國的市占率高達四八%，可謂占據了半壁江山。由於黑莓機的使用者主要都是企業高階管理人員、專業人士、政治人物（包括美國總統歐巴馬）等，黑莓機還成爲身分的象徵。到二〇〇七年，黑莓公司市值高達四百二十億美元，並和全球一百二十個國家的三百家電信公司達成合作協議，是當之無愧的全球智慧型手機開創者和領導者。在中國，電信公司中國移動在二〇〇六年就正式推出黑莓機業務，那時，蘋果公司的iPhone還沒誕生。

二〇〇七年一月九日，蘋果公司發布了革命性的智慧型手機 iPhone。發表會上，賈伯斯提到了當時市面上流行的四款智慧型手機：摩托羅拉 Moto Q、Palm Treo、諾基亞 E62 和黑莓 8100。賈伯斯稱，這些手機的問題在於爲了鍵盤而縮小螢幕。因此，iPhone 的第一個不同，就是取消物理鍵盤和按鈕，採用全新的觸控式大螢幕。

同時，與黑莓機主要依靠電子郵件無線傳送和安全性定位於商務人士不同，iPhone 一開始便定位於大眾消費者，因此，iPhone 擁有時尚的外觀、全新的多媒體體驗，以及革命性的應用程式商店，給予消費者前所未有的酷炫、好玩、時尚等感覺。

由於 iPhone 和黑莓機的巨大差異，黑莓公司一開始並不覺得 iPhone 是個威脅，甚至有些不以爲然。當時，黑莓公司的創始人邁克·拉扎里迪斯表示：「不是每個人都能在玻璃上打字，不是每台筆記型電腦和手機都有觸控式鍵盤，我認爲我們的設計是一大優勢。」

拉扎里迪斯顯然嚴重低估了 iPhone 對黑莓機的威脅。iPhone 以其差異性，重新定義了智慧型手機市場，引發了這個市場的爆炸式增長，也開始蠶食黑莓機的市占率。由於蘋果 iPhone 的出現，智慧型手機市場發生了翻天覆地的變化。隨著業績不斷下滑，黑莓公司輝煌不再。今天，黑莓公司的股價與二〇〇八年六月的歷史最高價相比，跌幅竟超過九〇％！

很顯然，iPhone 正是以其差異性，成功挑戰了黑莓機的領導者地位。例如，安全性曾經是黑莓機的最大賣點之一，然而，在今天「應用爲王」的智慧型手機時代，沒有應用，只有安全，根本吸引不了用戶。面對蘋果 iPhone 和谷歌安卓兩大系統的夾擊，黑莓機孤軍奮戰，少了各種應用程式的吸引力，用戶自然大幅減少，市場逐漸萎縮。

面對蘋果 iPhone 和谷歌安卓的競爭壓力，黑莓公司於二〇一二年宣布推出全新的黑莓 10 操作系統，以及沒有物理鍵盤的全新觸控手機。不過，這些都沒能挽救黑莓。在與蘋果 iPhone 的競爭中落敗之後，黑莓似乎只是一味地向蘋果 iPhone 學習，失去了自身的獨特優勢，例如，黑莓一直引以爲傲的物理全鍵盤。要知道，傳統黑莓機的物理全鍵盤，確實可以幫助商務人士大幅提高文字輸入速度及辦公效率，而蘋果 iPhone 被人詬病的一個缺點，就是缺乏物理鍵盤。

事實上，就在發布黑莓 10 全新觸控手機當天，黑莓公司股價再次大跌。在和蘋果 iPhone 的競爭中，黑莓公司無疑再一次失敗了。到二〇一三年第三季，黑莓機在全球智慧型手機市場的市占率跌至一．五%，這家曾占據智慧型手機市場半壁江山的公司，在蘋果等巨頭的進攻中節節敗退，再也無力回天。

互扔泥巴的選舉戰爭

除了在商業領域被大量應用之外，在政治領域，尤其在選舉當中，我們也可以看到「對比效應」的影子。

二〇〇八年，歐巴馬在總統大選中獲勝，評論家認為其中一個重要原因是他的形象與上一任的小布希有著強烈反差。在經歷了長期經濟不景氣，以及阿富汗、伊拉克戰爭之後，美國人期待看到一個嶄新的、完全不同的領袖形象：歐巴馬的黑人血統、平民出身、出色的演說技巧，以及對民眾的親和力，都與小布希形成鮮明的對比。在美國選民的心目中，這樣一位候選人就代表著「改變」和「希望」。正如一位評論家所說：「他還沒有帶來任何『變化』，但他本身就已然是『變化』了。」

不管怎麼說，這位曾經被嘲弄為「來自伊利諾州的不知名參議員」，能夠擊敗希拉蕊、愛德華茲、馬侃這些強力的競爭對手，當選總統，「對比效應」的作用功不可沒。也許單獨從資歷、經驗或能力來衡量，歐巴馬並不優於他的競爭對手，但是在與前任小布希和其他對手的反差之中，歐巴馬勝出了！

在政治選舉中，候選人經常會利用對方的弱點和主張來製造「對比」。這些以對比爲手段的競選廣告也被稱爲「攻擊性廣告」或「負面廣告」，因爲它們大多討論競選對手的負面消息。當然，對方也會做出同樣的回應，拋出自己的批評。一來一往，這樣的攻擊戰往往越演越烈，有人就把它稱作「互扔泥巴的戰爭」。這樣的場面可不好看。然而，研究人員發現，對比廣告確實可以幫助候選人爭取更多的選票。

一個著名的例子是一九六四年的美國大選，民主黨候選人詹森採納競選顧問的建議，製作了一則運用對比效應的廣告：一個小女孩手裡拿著雛菊數花瓣，但她數數的聲音卻逐漸變成了核彈爆炸前的倒數計時。詹森想用這樣的方式提醒選民，他的競選對手高華德的主戰立場很可能將美國帶入一場核災。這則廣告的播出，嚴重影響了高華德的支持率。詹森最終以六五%的選票贏得大選，而這也是美國歷史上得票率最高的一次選舉。

也許連詹森自己也沒有想到，那個天眞爛漫、手裡拿著雛菊數花瓣的小女孩，幾乎用一種不費吹灰之力的方式爲自己贏得了總統大選。《雛菊》也因此成爲美國歷史上影響最大的政治廣告。在這場戲劇化勝利的背後，仍然是對比效應在發揮作用。在對比效應的影響下，和平與戰爭的對比如此鮮明而毫無爭議，讓選民們迅速地做出了決定。然而，在現實中，兩者之間的關係卻從來不是如此黑白分明。

結語

在這一章，我們看到了「對比效應」在商業領域，乃至政治領域的強大力量。當然，在選擇是否要使用對比效應時，任何企業、廣告商或候選人都應該愼之又愼，因爲如果運用不當，對比效應可能帶來截然相反的效果。

例如，在二〇二〇年的美國大選中，川普就犯了這樣的錯誤。他不斷地批評拜登，嘲笑拜登「睡不醒」，導致一些選民對川普說：「爲什麼你不能把精力放在應對新冠疫情呢？」在很多情況下，給自己的競爭對手臉上抹黑是粗俗而卑下的做法。另外，如果批評並不屬實的話，也會引起大眾的厭惡。因此，對比效應的運用並不是沒有風險的。

那麼，什麼時候應該多談論自己，什麼時候又應該和別人做比較呢？這個重要的問題，我們將在第二章詳細討論。

第二章

評估模式

女孩相親要不要帶閨密？

爲什麼我和閨密都很漂亮，相親時卻最好不要帶上她？
爲什麼同樣出眾的三款香水，最後只保留香奈兒5號？
爲什麼相較於高端商品，日用品種類總是琳琅滿目？

「評估模式」告訴我們，人生是由各種各樣的選擇組成的，懂得評估模式對選擇的影響，可以幫助人們爲自己的人生做出更好、更明智的決定。

女孩相親是否應帶上閨密？

根據中國交友網站「世紀佳緣」二〇一〇年發布的統計數據，在北京這樣的大城市，大齡未婚女性已突破八十萬。這些單身女性以現代都會女性爲主，很多擁有高學歷、高收入、高智商，長相也不錯，所以擇偶要求較高，導致找不到理想歸宿。

結不結婚本來是個人選擇，然而，在中國這樣的傳統社會，大齡未婚女性面臨的壓力非常大，社會上甚至還有個不太尊重的俗稱——剩女。這些壓力很多還來自父母，有些父母會逼著她們去參加相親活動，不少大齡未婚女性不忍心看著父母天天爲自己著急，也開始同意參加相親。

然而，參加相親，爲了避免尷尬或冷場，很多女孩都喜歡帶上自己的閨密——一個同樣未婚的女孩。這時候，一個有意思的問題來了：女孩相親是否應該帶女伴？

根據傳統經濟學原理，任何女伴都不應該帶，因爲任何女伴都是可能的競爭對手。

然而，根據上一章的「對比效應」，我們知道並不一定如此，有些時候，帶女伴可能還會爲自己加分！例如，一個長相八十分的女孩A，如果帶一個長相六十分的女孩B去相親，相信很多人會覺得女孩A是美女；相反，這位長相八十分的女孩A，如果帶一個長相九十五分的女孩C去相親，就會立刻讓人覺得她相形見絀。

假設男人第一眼主要是看女孩的外貌（這假設還算比較合理，當然，實際情況有時更複雜），那麼，根據女孩外貌與女伴外貌的相對漂亮程度，我們可以把女孩相親是否要帶女伴分爲如下幾種情況：

一、如果自己比女伴漂亮，根據對比效應，我們知道，這時應該帶女伴去相親，爲自己加分。

二、如果女伴比自己漂亮，根據對比效應，我們知道，這時不應該帶女伴去相親，免得讓自己減分。

這兩種情況的決策都比較簡單。現在，更複雜的情況出現了：

三、如果自己和女伴都長得漂亮，那麼，是帶還是不帶女伴陪自己去相親呢？

四、如果自己和女伴都不漂亮，那麼，是帶還是不帶女伴陪自己去相親呢？

單獨評估與聯合評估

事實上，這就是市場行銷和消費者行爲學術界著名的「評估模式」問題。人們在判斷一個對象（人或事物）時，可以根據決策情境，將評估模式分爲兩種情況：無比較對象的「單獨評估」和有比較對象的「聯合評估」。

回到女孩相親的例子裡。如果帶女伴，那麼男方一般都會對女孩和女伴進行比較，這就是聯合評估；如果不帶女伴，那麼男方沒有參考對象與女孩進行比較，這就是單獨評估。

那麼，對於上述第三種和第四種情況，這女孩是帶女伴陪自己去相親（聯合評估），還是不帶女伴（單獨評估）呢？

我一位好友、芝加哥大學的奚愷元教授是評估模式這個研究領域的知名學者。說起奚愷元教授，有些傳奇經歷。奚教授是上海人，他在八〇年代參加大學入學考試時，因爲弱視，不被大學錄取。於是，他來到北京，在清華和北大旁聽，那時候，這兩所大學還比較封閉，不歡迎他旁聽。無奈之下，他的父母決定舉家搬到美國，給他一個上大學的機會。

到了美國，他先在夏威夷大學念書，之後考取耶魯大學的博士。當時，夏威夷大學的教授驚呼：「我們夏威夷大學的學生想考取耶魯大學的博士，不可能！」而這個不可能，奚教授做到了。

博士畢業之後，奚教授去芝加哥大學任教，逐漸成爲消費者判斷和決策領域的傑出學者。他發表在國際頂級期刊上的幾十篇論文，大多是他用弱視的眼睛盯著距離不到十公分的電腦螢幕，一個字一個字敲出來的。二〇〇二年，諾貝爾經濟學獎得主丹尼爾·康納曼教授在獲獎致辭中，還特別提到了奚愷元教授對行爲經濟學領域的貢獻。

相親定律

奚愷元教授根據評估模式領域的研究發現，提出了一個很有意思的相親定律。

根據這個相親定律，女孩和女伴都長得很漂亮，如果帶同樣漂亮的女伴去相親，男方會對女孩和女伴進行比較（聯合評估）。由於是聯合評估，男方容易覺得「這女孩長得還不錯，不過也沒比別的女孩子漂亮」，從而降低印象。因此，對於上述第三種情況，正確的決策是女孩不應該帶同樣漂亮的女伴陪自己去相親，以免讓自己的優勢變得平庸。

而對於第四種情況，即女孩和女伴都長得不漂亮，如果女孩自己一個人去（單獨評估），男方容易覺得「這女孩不漂亮」，從而對女孩產生不好的印象。

相反，如果女孩帶同樣不漂亮的女伴陪自己去相親，男方會對女孩和女伴進行比較（聯合評估）。這時，不漂亮的女孩和不漂亮的女伴比較起來，男方容易覺得「雖然這女孩長得不漂亮，不過也沒比別的女孩子差，看來女孩都這樣，可以接受」，從而對女孩產生較好的印象。

因此，上述第四種情況，正確的決策是女孩應該帶同樣不漂亮的女伴陪自己去相親，為自己的不漂亮「分散責任」——反正大家都這樣！

何時採用何種評估模式？

評估模式不同，導致人們對同樣對象的關注點完全不同。單獨評估時，人們關心的是該對象本身好不好；聯合評估時，人們關心的是該對象是否比其他參考對象好。評估模式不同，會導致人們對同一對象的評價完全不同。

這再次說明，**消費者的決策和選擇並不是如傳統經濟學原理所說的，會根據產品的價格和品質進行客觀獨立的判斷，而是經常受到決策情境影響**。這一章的「評估模式」與上一章的「對比效應」都是消費者的判斷和決策受到情境影響的現象。

既然評估模式不同，有可能導致人們對同一對象的評價完全不同，那麼，何時進行單獨評估比較好，又是何時進行聯合評估比較好呢？

如果有A對象（人或事物）和B參考對象（人或事物），根據各自是否優秀或一般，我們可以總結爲以下四種情況：

一、A對象優秀，B參考對象一般，這時應進行聯合評估（利用對比效應）。

二、A對象一般，B參考對象優秀，這時應進行單獨評估（避免對比效應）。

三、A和B都很優秀，這時應進行單獨評估（以免優秀變成一般）。

四、A和B都不優秀，這時應進行聯合評估（以分散責任）。

知道了單獨評估和聯合評估的原則，我們就不難理解日常生活中的許多應用了。例如，花二十元買冰淇淋時，通常商家會拿出一個甜筒來，將冰淇淋裝滿了甜筒之後，還繼續添加，直到成爲火炬形。這時，你心裡是不是很開心？因爲給了你那麼多！

相反，同樣花二十元買冰淇淋，如果商家拿出一個大碗，只盛了半碗冰淇淋，這時，你心裡是不是有點不舒服，覺得商家怎麼這麼小氣？

然而，如果你有機會將那個火炬形冰淇淋和半碗冰淇淋擺在一起比較，你可能會發現，火炬形冰淇淋雖然裝得滿滿的，分量卻比半碗冰淇淋少！

爲什麼你的判斷會逆轉？這就是因爲在前兩種情況下，你都是進行單獨評估，無從比較，因此裝得滿滿的火炬形冰淇淋讓你感覺很多，而只裝半碗的冰淇淋則讓你不滿。相反，最後一種情況，你是進行聯合評估。當你比較的時候，你發現火炬形冰淇淋雖然是滿的，但分量卻比半碗冰淇淋少。

有參考對象的單獨評估與聯合評估

前面所講的女孩相親和買冰淇淋都是比較理想化的情況，因爲只考慮一個面向：對於女孩相親，我們假設性格、智商、學歷、家庭背景等方面都相同，因此只考慮她們的外貌。對於冰淇淋，我們假設品質、價格等其他方面都相同，因此只考慮商家給的分量多少。

然而在生活中，大多數的選擇並非只基於一個面向。以產品或服務的選擇為例，大多數消費者經常面臨多種選擇：品質高的通常價格也高（高檔產品），品質低的通常價格也低（低階產品），而品質中等的通常價格也中等（大眾產品）。

而且，大多數的決策，面對目標對象，不管它是被單獨展示還是聯合展示，人們心裡或多或少都已經有一個參考對象了。例如，女孩去相親，即使不帶任何女伴，男方心裡其實還是會將她的外貌和他日常生活中接觸到的其他女孩相比較。

那麼，相對於人們心裡的參考對象，兩個較高檔的產品是應該單獨展示（單獨評估），還是應該聯合展示（聯合評估）？相反，兩個較低階的產品，是應該單獨展示（單獨評估），還是應該聯合展示（聯合評估）？

要回答這些問題，我們不妨先來看看奚愷元教授和他在芝加哥大學商學院的同事法蘭絲．勒克萊爾（France Leclerc）教授於一九九八年在美國《消費者研究學報》上發表的一篇論文。

在他們的研究中，參與者被隨機分成六組參與實驗。第一組實驗參與者面對這樣一個決策場景：

假設你要選購一部無線電話，預算是五十到一百五十美元。已知你的朋友最近買了一部無線電話，覆蓋範圍是十公尺，電池可用時間爲一天。現在有A、B兩款不同型號的電話，規格如下所示：

型號A：覆蓋範圍五十公尺，每次充電後，電池可用兩天

型號B：覆蓋範圍二十公尺，每次充電後，電池可用十天

在了解以上資訊之後，請告訴我，你願意爲這兩款電話分別付多少錢？

第二組參與者一樣要爲這兩款電話定價，但參考對象有了變化：朋友買的無線電話覆蓋範圍是一百公尺，電池可用時間爲二十天。

你可能看出來了，第一組和第二組實驗參與者面對的都是聯合評估的場景。此外，還有四組實驗參與者分別依據不同的參考對象（朋友買的無線電話有較好和較差兩種版本），單獨評估型號A和型號B，並爲它們定價。

這樣，實驗一共進行了六組，結論如下：

評估對象優於參考對象的情況下，人們在單獨評估中給這兩款電話的定價，高於聯合評估的定價。這就說明，對於兩個相對高端的產品，單獨評估比聯合評估更有利，單獨評估會增加高端產品的吸引力。

評估對象遜於參考對象的情況下，人們在聯合評估中給這兩款電話的定價，高於單獨評估的定價。這就說明，對於兩個相對低端的產品，聯合評估比單獨評估更有利，人們在聯合評估中給它們的定價更高。

高端產品和中低端產品應如何展示？

假如你是一位零售商，這個實驗結果意味著什麼呢？

如果你賣的是相對高端的產品，比如 iPhone 手機或 GODIVA 巧克力，那麼，你只要經營一款產品就夠了，因爲這些產品在單獨評估中會顯現出更高的價值。

相反，如果你賣的是相對普通、大眾化的產品，比如妮維雅的護膚品、舒膚佳的香皂，那麼，你最好多經營一些不同的品牌，因爲聯合評估更有利於凸顯這些產品的優點。

這就不難理解，爲什麼那些高檔汽車的經銷商只經營一個牌子的汽車，像BMW、賓士、奧迪或奧斯頓馬丁等。而對於經營中低端品牌的汽車經銷商來說，則應該多選擇幾種品牌同時經營（北京的汽車交易市場正是如此）。

我們在生活中的觀察也符合這樣的規律。那些高檔時裝和奢侈品大多擁有自己的通路，而那些相對普通、平價的商品，則往往透過賣場或超市來銷售。正因如此，超市裡的日用品種類總是琳琅滿目。

深入理解單獨評估和聯合評估，我們可以更有效地「設計」或「編輯」經營的種類，搭配不同的產品組合，提高消費者購買的機率。

橄欖油爲什麼賣不出去？

近年來，人們注重飲食健康，對食用油的要求也越來越高了。橄欖油作爲一種健康的食用油，不再是西方人餐桌上的專寵，爲了讓更多的中國家庭也可以吃，很多超市都開始賣橄欖油，通常是和普通食用油擺在一起銷售。

吃橄欖油的益處眾所周知，然而，在購物的時候，很多消費者會放棄橄欖油，選擇普通食用油（有心的讀者不妨去超市觀察一下），這是爲什麼？是因爲橄欖油的口味消費者吃不慣，還是因爲賣太貴，讓消費者難以接受？

在消費者願意爲健康大筆投資的今天，爲什麼他們會花幾百、幾千元購買形形色色的保健品，卻不會爲了吃好油而多花一些錢呢？

在橄欖油的廣告宣傳中，經銷商大多會凸顯它優質、天然等特點，並強調它對心血管的保護等種種益處。與此相應，在消費者眼裡，橄欖油是來自西方的「舶來品」，代表著一種優越的生活方式，是品質、高檔的代名詞。既然是高端產品，它的價格自然也在普通產品之上。

然而，精心打造了橄欖油的「高端」定位之後，很多商家卻把它和普通食用油擺在一起銷售，不能不說是經營上的失誤。因爲在聯合評估之下，人們更容易看到橄欖油的缺點，也就是價格高、分量少、不實惠。

從廣告宣傳到終端購買，橄欖油的價值在消費者眼中發生了微妙的變化，它從單獨評估變成了聯合評估。無論廣告上說得多好，實際購買的時候，和普通食用油相比，人們更容易看到橄欖油的不足之處。

要避免普通食用油對橄欖油銷售的影響，是不是意味著橄欖油應該走獨立通路，不能在超市賣了呢？當然不是。建立獨立的銷售通路非常昂貴。其實，商家只需稍做變化，就可以扭轉這種不利的局面。

比如在超市裡設立一個「健康食品」專區，把橄欖油和有機食品等放在一起銷售。有機食品售價通常較高，把它們和橄欖油放在一起，可以減少消費者對價格的敏感度。同時，由於不再有普通食用油做參照，人們就更容易看到橄欖油的優點。此外，購買健康食品的人也是橄欖油的目標客群，針對這部分特定顧客展開促銷，會比大海撈針式的行銷來得更準確而有效。

橄欖油的例子說明，如果商家不主動站在消費者的角度來看待問題和評估產品，不能洞察消費者是如何進行判斷和決策的，即使投入了大量金錢做廣告，也經常徒勞無功。廣告固然可以樹立產品的光鮮形象，但是到了銷售的時候，如果消費者的評估模式發生了變化，再優質的產品也可能賣不出去。相反，**如果商家能夠創造有利於自己的評估條件，從細微處著眼，那麼，滯銷品也可能變得暢銷，暢銷品則會賣得更好。**

香奈兒5號爲什麼暢銷不衰？

香奈兒5號香水舉世聞名，究竟是因爲它是世界上第一瓶人工混合的香水，還是因爲它的氣味很特別？抑或是因爲瑪麗蓮夢露那句知名的「我只穿香奈兒5號睡覺」吸引人？

或許都不是。香奈兒5號之所以在人們心目中無可比擬，是因爲它獨一無二。

據說在研發香奈兒5號的時候，創始人可可·香奈兒對三款香水樣品都很滿意。然而，最後她卻果斷決定只推出一款香水。

事實證明她做對了，這款神奇的香水一推出便在市場上大受歡迎，直到今天，仍保持著平均每三十秒售出一瓶的紀錄，爲香奈兒公司每年帶來一億美元的收入。

可可·香奈兒的聰明之處，在於她明白「少即是多」的道理。作爲服裝設計師，她曾經大膽地剪掉傳統禮服的下襬，設計出簡潔的西裝裙和女士西裝褲。經營者對於這種設計上的理念或許可以觸類旁通。

一九二〇年代的法國，香水是富裕階層的標誌和享受，小小一瓶香奈兒5號，售價動輒一百美元以上，算得上很大一筆奢侈品消費。如果香奈兒推出三款同樣優質的香水，那麼顧客在購買的時候就免不了要權衡比較一番。三款同樣優質的香水，在相互比較之下，容易讓各自的不足暴露出來，顧客在注意到這些缺點之後，很有可能就決定都不買了。

向顧客提供多種選擇還有一個後果，那就是顧客面對三種相似的選擇猶豫不決，最後因爲難以取捨而選擇不買。無論是哪種情況，三種香水都不如一種香水好賣。

雖然顧客在香水的品味上眾口難調，香奈兒公司「以少勝多」的策略卻是明智的。如果它同時推出香奈兒 3 號、香奈兒 7 號，香奈兒 5 號又怎麼可能成爲香水中的經典？

那麼，香奈兒公司又是如何解決眾口難調的問題呢？

這又涉及它另一個經營獨到之處：不推出三種香水，而是在同一種香水的基礎上，調整配方，生產出香奈兒 5 號典藏香水、濃香水和淡香水。

所以，當你走過百貨公司的香奈兒 5 號專櫃時，如果覺得每次聞到的香味有所不同，不用覺得奇怪，因爲所謂的香奈兒 5 號，其實是三種不同的香水。

香奈兒公司認爲，消費者總能在這三款產品中找到一款適合自己的。這三款香水既透過香奈兒 5 號統一的平台進行宣傳、銷售，又能滿足不同消費者的品味和要求。無論消費者選擇哪一款，都是香奈兒 5 號。

由此可見，香奈兒 5 號之所以暢銷不衰，並不在於香水本身多麼優秀，而是它的經營者掌握了人們認識和選擇事物的規律。

星巴克如何風靡全世界？

在過去的幾十年，對於美國人來說，喝咖啡就意味著要去街角的麵包店，如果住在郊區，則有遍布各個社區的鄰里店可供選擇。咖啡的種類也很簡單，除了普通的黑咖啡加牛奶，就是摩卡、拿鐵、卡布奇諾，每杯咖啡售價大約一、兩美元。

對於咖啡這樣大眾型的飲料來說，消費模式基本上已經固定，如果有人打算經營咖啡連鎖店，將會面臨來自鄰里店網絡的極大阻力。

然而，這種競爭格局並非無法改變。如果一家公司要樹立自己的品牌，賣出更多咖啡，可以採取一個辦法，那就是將咖啡變出更多花樣來。

一九八七年，霍華．舒茲的星巴克做到了這一點，它變化出三十多種不同口味的咖啡，再加上不同大小的杯子，不同的奶、糖等調味品，這樣組合搭配出的咖啡就有數百種之多了。配合著產品多樣化策略，星巴克在全世界迅速擴張，到今天已經開了三萬多家咖啡連鎖店。

星巴克的多樣化策略，其本質是透過聯合評估來增加人們的購買機會。星巴克種類繁多、口味各異的咖啡，足以讓街頭小店一杯一美元的鮮煮咖啡黯然失色。不僅如此，每逢節慶，星巴克還會推出符合時令的新口味。比如聖誕節的時候，它會銷售蛋酒拿鐵、薑餅拿鐵、薄荷摩卡這些新品項。而對於那些對卡路里敏感、想減肥的顧客，星巴克還供應低卡咖啡，卡路里含量比一般咖啡低三〇％至四〇％。這些產品都增加了星巴克的銷量。

也許你會說，變來變去，不就是一杯咖啡嗎？但正是在這一杯咖啡上變出的花樣，讓星巴克的利潤遠遠超過以往任何的咖啡店。

從星巴克的成功中，我們可以得到一些啓示。在快餐領域、快速消費品領域，中國企業的產品更新速度遠遠趕不上跨國企業。在麥當勞開發出多種風味的雞肉堡套餐的時候，中國的包子鋪還是一如既往地賣傳統的菜肉包。如果說中國的消費者「崇洋媚外」，這是否也是因爲跨國公司更懂得消費者的心理和行爲呢？同樣，如果中國企業也能尊重、運用這些科學規律，一定可以比現在做得更好、走得更遠。

85度C如何挑戰星巴克？

當星巴克憑藉其戰略和資本優勢，在全球市場迅速擴張的時候，在台灣，它遇到了一個強勁的競爭對手。這個對手就是台灣的本土咖啡連鎖企業85度C。

85度C用事實說明，星巴克的產業老大地位並非不可動搖，而且，正因爲星巴克是產業老大，85度C才找到了前所未有的發展空間。

85度C的競爭策略很簡單，就是緊跟星巴克，星巴克在哪裡開店，它就把店開到星巴克的對面。星巴克的店面一般是兩、三百平方公尺，85度C只開二、三十平方公尺。星巴克的咖啡賣上百元，85度C只賣銅板價。

85度C的店面風格簡潔明快，雖然面積小，卻整齊清潔。可以說，85度C就是「平價的星巴克」。它的位置又靠近星巴克，很容易讓人們對兩者做聯合評估：

A：星巴克

B：平價的星巴克（專業品質的咖啡，價格只有星巴克的一半）

如果你是消費者，會怎麼選擇呢？

85度C的競爭策略，就是將星巴克置於不利的聯合評估情境裡。星巴克越是高端、高價位，85度C就越是物美價廉；星巴克越是小資情調，85度C就越是走大眾路線。

事實上，很多企業在和國際品牌競爭的過程中，也可以借鑒類似85度C的策略：面對產業裡的國際領先品牌，如果想挑戰它的地位，就要把自己打造成國際領先品牌的「平價版」（同等的品質，更低的價格），讓消費者做聯合評估。畢竟，如果品質沒有差異，大多數人都不願意多花幾倍價格去購買高價品牌。

平價品牌的勝利，其實是建立在高端品牌成功的基礎上。也許，這正是市場競爭的微妙所在：沒有絕對的贏家，優勢和劣勢也可以互相轉化。聯合評估爲中小品牌的發展提供了機會，也爲優勢品牌的領先地位增加了壓力。

用聯合評估做廣告事半功倍

類似的利用聯合評估的策略，經常在比較型廣告中出現。一九八六年，本田汽車公司決定在北美市場創立豪華子品牌Acura。

日系豪華車？在八〇年代，沒人相信這個概念。眾所周知，日本汽車製造商通常靠製造經濟型轎車取勝。而且，在豪華車市場，與BMW、賓士、奧迪等歐洲品牌相比，即使是美國三大汽車公司，也難以望其項背。作爲本田旗下一個全新的品牌，Acura怎麼可能在豪華車市場中競爭呢？

但是，Acura做到了。

考慮到消費者對Acura品牌並不熟悉，也不清楚Acura的性能和價格，於是，本田公司決定巧妙利用聯合評估策略，採用比較型廣告來宣傳Acura。

本田公司把Acura的比較目標，設定爲知名豪華車品牌——賓士，在廣告中將Acura Legend的性能特點，與相似的賓士560 SEC一一進行比較。Acura Legend在各項性能上完全可以和賓士560 SEC汽車相媲美，甚至在刹車減速所需時間（從每小時六十英里至零英里）等不少測試中，比賓士擁有更好的表現。

但是，與賓士 560 SEC 高達七萬五千美元的價格相比，Acura Legend 卻只要兩萬四千美元，價格優勢明顯。正如其廣告主題所宣傳的，「Acura，賓士的眞正替代者」。

這個比較型廣告策略大獲成功，Acura 品牌在一夜之間廣爲美國消費者所知。Acura 以個性化和前瞻科技的「運動豪華」理念，重新詮釋了豪華車的概念，也在北美市場大獲成功。

由此可見，在做產品宣傳廣告的時候，巧妙發揮聯合評估的作用，能起到事半功倍的效果。例如，生產洗髮精的廠商可以把廣告投放到大品牌洗髮精廣告後面，廣告中的產品除了滿足基本的洗髮訴求之外，還應該有一些「比較」上的優勢，這個優勢可以是價格（更便宜）、產品特色（中藥成分，非化學合成），或是附加功能（溫和不傷髮質，適合每天使用）等。綜合評估下來，人們會覺得後者更合理、更實惠。這樣的評估效果是單獨做廣告所達不到的。

如今，很多本土企業的產品品質都有了很大的進步，縮小了和國際品牌的差距。它們更需要的，是說服消費者相信本土品牌、選擇本土品牌。在這方面，聯合評估的宣傳模式提供了一個捷徑。

評估模式與人生選擇

單獨評估或聯合評估會影響人們的選擇，在購物時，人們喜歡多跑幾家商店看一看，「貨比三家不吃虧」。和聯合評估相比，做單獨評估的人經常因爲不完全了解情況而做出錯誤的決定。

不少開車的人可能都有這樣的經歷，剛發現一個停車位，停好車之後，卻看到還有位置更好、更近的停車位，這時候心裡往往會有點糾結，甚至後悔，想著要是不急著停，多看看，就可以把車停到更近的位置了。

又比如在餐廳吃飯時，如果你在前面幾道菜上來的時候就急著吃飽，等到眞正的大餐端上桌，便只有看別人吃的份了。

當然，諸如停車或吃飯這樣的決策，即使沒有做出更好的選擇，也無足輕重。但是，買車或買房時，如果沒有做出最適合自己的選擇，往往就比較痛苦了。

我一個女同事剛學會開車不久，立即買了一部BMW 5系列，豪華大氣，然而，開了幾次之後卻發現，由於車子尺寸太大，在北京停車很痛苦，才買了幾個月就已經刮傷好幾次。每次我們聊天說到她的新車時，她都會說：「早知道如此，當初應該買Mini。」

如果是買房子，才簽了合約、付了頭期款，忽然發現還有一間位置和房型都差不多，價格卻更優惠的房子。這時候感覺很痛苦，是不是？因爲這可能就意味著一年的薪水白賺了。

結婚找對象又何嘗不是如此？很多人第一次談戀愛就匆匆結了婚，結果婚後不久又遇到更喜歡的人，這時就難免陷入道德和情感的兩難。由此看來，現代人戀愛經歷越來越多，結婚卻越來越晚，亦有一定的「合理性」，因爲聯合評估能夠幫助我們避免單獨評估帶來的片面和遺憾。

評估模式與偏好逆轉

人們在單獨評估與聯合評估這兩種評估模式下做出的判斷和決策可能很不一樣，甚至截然相反。一九九九年，芝加哥大學商學院的奚愷元教授和他的同事在《心理學公報》上發表了一篇論文，提出單獨評估或聯合評估經常導致人們的偏好逆轉。

比如下面兩個分配方案，你選擇哪個？

A：給你一千兩百元，給你同事一千八百元

B：給你一千元，給你的同事一千元

從理性的角度來看，選擇A會得到一千兩百元，比選擇B多兩百元，顯然更實惠。然而，如果選擇了A，就意味著你比你同事少得六百元。而在方案B中，兩人的所得是一樣的，似乎更公平一些。我們姑且稱方案A爲「實惠選擇」，方案B爲「公平選擇」，你更願意接受哪一個呢？

實驗結果表明，在單獨評估的條件下（只看到方案A或方案B），大多數人對方案B的偏好更高，即大多數人更喜歡公平的選擇。而在聯合評估的條件下（同時看到方案A和方案B），多數人則會選擇方案A，也就是更實惠的選擇。

企業在選擇用人的時候，用的是聯合評估還是單獨評估，也直接影響到企業最後會選擇誰。

假設你是一家軟體公司的老闆，需要雇用一名工程師，你有以下兩個人選：

A：清華大學計算機系畢業生，工作經驗十個月

B：北京科技大學計算機系畢業生，工作經驗十二年

在單獨評估的條件下，申請人A似乎有更大的優勢，清華大學計算機系在中國的排名是數一數二的，只有最優秀的學生才能進入清華計算機系。這樣的教育背景，很容易讓企業喜歡申請人A。

但是，如果把兩名申請人放在一起考慮呢？畢業的學校也許就不是最重要的了。北京科技大學計算機系雖然不及清華的名氣大，但也是不錯的院校，而企業更要考慮的是申請人的工作經驗，在這方面，申請人B顯然更占優勢。

所以，在聯合評估的條件下，雇主很有可能出於工作經驗的考量而放棄申請人A，選擇申請人B。

由此可見，如果企業要避免招聘過程中的一些弊端，如學歷歧視、名校的光環效應等，聯合評估就是一個不錯的解決方式。

從道理上來說，選擇用人看的是能力，但在實際操作中，雇主的決定往往受到很多非能力因素的影響。眾所周知，在篩選申請人的時候，基於性別的偏見很普遍。

比如，人們普遍認爲女性比男性更適合文職工作，而對於一些強調邏輯思考的工作，比如程式設計、電子工程等，雇主更傾向於選擇男性。然而，如果把男、女申請人放在一起比較，雇主會更有可能根據申請人以往的工作成績來決定，而不是考慮性別差異了。

類似地，如果招聘女祕書，外貌出眾的申請人往往受到老闆的歡迎，儘管外貌出眾的申請人可能缺乏經驗，或者做事比較粗心大意。然而，如果把不同的申請人放在一起比較，雇主可能就會發現另外一個外貌一般，但是經驗更豐富、做事更周密的申請人更加優秀和適合。因此，採用聯合評估的方式來招聘，可以避免招聘過程中潛在的基於性別或外貌的歧視，有助企業選拔人才。

聯合評估也會讓人犯錯嗎？

與單獨評估相比，聯合評估看起來是一種更理性的評估模式，人們會傾向於認爲這種評估模式總能得出正確答案，所謂「兼聽則明，偏信則暗」，在很多情況下的確如此。

但是，理性就一定更好嗎？

我在清華大學的一位女同事因爲寶寶出生，想幫孩子做成長紀錄去買相機，店員給她看了兩款相機：

A：Nikon 單眼數位相機，售價二千九百九十九人民幣

B：Canon 單眼數位相機，售價三千九百九十九人民幣

Nikon 和 Canon 這兩個品牌各有特點，也都是單眼相機的全球領先品牌。那爲什麼 Canon 的貴一千元？爲了多了解產品，她詢問店員。店員告訴她，Canon 的之所以更貴，是因爲這款相機規格更高：Nikon 的有效像素是一千四百二十萬，Canon 的是一千八百萬。有效像素是什麼？我這位同事並不是很清楚，但她意識到，這應該和照片的清晰度有關，也就是說，有效像素越高，照片就越清晰。誰不希望拍出來的照片越清晰越好呢？既然 Canon 這款相機拍出來的清晰度優於 Nikon，多花點錢也值得。再說，價差不就一千元嗎？不差這錢。抱著這樣的想法，我同事便把有效像素更高、但是也更貴的 Canon 相機買回家了。

過了一陣子，學院工會舉辦兒童節親子攝影活動，我同事沖洗了很多七吋的寶寶照片，和我們大家分享。看著一張張充滿歡樂的照片，她說多虧自己捨得多花一千元買這台相機，才有這些精美的照片。然而，她不知道的是，用一千八百萬像素的相機拍出來的照片，其實並不比一千四百二十萬像素清晰多少。事實上，她對照片並沒有專業的要求，只是沖洗普通大小的照片，這時一千八百萬像素和一千四百二十萬像素的差別用肉眼幾乎無法區分。也就是說，我同事多花了一千元買像素更高的相機，卻沒有得到相應的價值，事實上是浪費了這一千元。

而且，像素越高可能還有若干壞處，如果相機的感光度低，像素越高，照片的雜訊就越多，甚至還不如像素低的相機拍出來的照片清晰。此外，像素越高，照片的檔案越大，儲存和分享也就更不方便。

我同事因爲有效像素更高，選擇了更貴的相機，但是在使用的過程中，並沒有感受到更多的益處。其實，對於大部分使用者來說，只要像素達到一定水準以上（如一千萬有效像素），就沒有太大的區別了。

即使兩者有區別，在店裡感受到的區別，往往比日常使用時更大。因爲只有在聯合評估的情況下差別才顯著。對於我同事來說，買相機的時候她進行了聯合評估

（比較了一千八百萬像素的 Canon 相機和一千四百二十萬像素的 Nikon 相機），所以能夠感受到兩者的差別。拍照的時候她只進行單獨評估（我同事只用這台 Canon 相機），也就無法明顯感受到什麼差別了。

聰明的商家經常利用有效像素讓消費者付更多錢。表面上，人們做了一個理性的選擇，卻沒有給自己帶來實際的好處，只是在商家的誘導下多花了錢。

這樣的做法在其他業界也經常出現。比如買液晶電視，選購的時候眞是琳琅滿目，讓人眼花撩亂。挑選電視機的時候，解析度是一個重要指標，解析度越高，價格也越高。很多人都會覺得電視越清晰越好，於是寧願多花一些錢，買解析度高的電視。但是，並不是解析度越高，就能帶來越清晰的收視效果。收視效果仍取決於電視節目本身的清晰度，如果家裡的有線電視並沒有高畫質節目，那麼花高價買高解析度的電視就是在浪費錢。

更重要的是，因爲買電視的時候是聯合評估（店裡擺了那麼多電視讓消費者比較），看電視的時候卻是單獨評估（家裡客廳通常只放一台電視）。所以，即使買了最貴的電視，因爲沒有同時與其他電視對比，它的清晰度也顯現不出來。

量化指標眞的明智嗎？

現在的社會有一種普遍的趨勢，就是用各種量化指標去評價事物，我們甚至用這些量化指標，像尺一樣去衡量人。在這些量化指標的指引下，我們會認爲考一百分的學生比考八十分的學生更優秀，智商一二〇的人比智商一一〇的人更聰明，大學排行榜上排名第五的學校必定不如排名第一的。於是，我們的社會就陷入各種指標競爭裡。我們不僅熱中於建立各種量化指標，還不斷將它制度化、體制化，用它來評價、挑選更年輕的一代。

這些量化指標通常可以讓我們的選擇更方便，也讓我們更容易爲自己的選擇找到依據。然而，這種做法看似聰明，卻很可能是「搬石頭砸自己的腳」。因爲基於各種數字和標準做出的決定，雖然看似合理，卻並不一定是正確的選擇。我的一個碩士生，三年前畢業，他在找工作時得到了兩家公司的錄取通知。

A公司：比較喜歡的行業，月薪七千人民幣

B公司：不太喜歡的行業，月薪兩萬人民幣

他雖然也有猶豫，但很快就和大多數人一樣，理性地選擇了B公司。這一點也不奇怪，畢竟B公司的薪資是A公司的近三倍。

選擇這份待遇更優的工作之後，按理說，賺的錢多了，應該感到更加快樂，但奇怪的是，他卻高興不起來。因爲他並不喜歡這個行業和這份工作，只能把它當作養家糊口的手段。

後來，他漸漸開始覺得力不從心，但考慮到辭職的成本很高，只好繼續撐著。然而，公司裡有人比他更喜歡這份工作，更積極努力，做得也更好，所以他就失去了升職和發展的機會。三年來，他的薪資沒有太大變化，還是兩萬人民幣左右。更嚴重的是，他變得越來越不開心，工作的積極度也越來越低，最後還是決定辭職尋找新的發展方向。

而我的另外一個學生，三年前畢業時也獲得了A公司的錄用，月薪七千人民幣。當時他只有這麼一個錄取通知，沒別的選擇。所以，他開心地去了A公司，雖然薪水不高，他卻非常喜歡這份工作，全心投入其中。因爲快樂的激勵作用，他越做越積極，越做越好，很快就升爲主管，幾年內收入翻了幾翻，現在他的月收入已經接近三萬。更重要的是，他工作得很快樂、充實。他甚至告訴我，他計畫利用自己在這個行業的經驗和人脈，將來成立公司，開創一番事業。

由此我們可以知道，理性的選擇不一定總是最好的。在量化指標的影響下，人們往往會忽視自己內心的感受，放棄自己喜歡的東西而尋求理性的結果。薪資很容易量化，但是對工作的喜歡程度卻很難量化。在一個把薪資看得比什麼都重要的世界裡，人們的選擇就很容易發生扭曲。這種扭曲的選擇還經常戴著理性的面具，它誘導人去追求那些看上去很重要的事情，卻忽視了快樂能夠創造價值，而且是更爲長遠的價值。

不幸的是，在現實生活中，人們是多麼容易犧牲自己的主觀感受，而選擇那些理性上更重要的目標啊！

實用品還是享樂品？

單獨評估或聯合評估，也會影響人們對產品或服務的偏好和選擇。

二〇〇五年，美國華盛頓大學商學院的岡田英理香（Erica Okada）教授在《行銷研究學報》上發表了一篇論文，她的研究發現，**在單獨評估的情況下，消費者更偏好享樂品；而在聯合評估的情況下，消費者更偏好實用品**。

所謂享樂品，顧名思義，通常指能夠讓人們在情感和感官上獲得美、享受等愉快感受的產品或服務，例如鮮花、電影、巧克力、冰淇淋、按摩、度假等。而實用品一般指能夠滿足人的基本需求，或者完成實際任務的產品或服務，例如教科書、影印機、基本食品、藥物、針灸等。

顯然，享樂品對消費者更有吸引力。但是，根據馬斯洛（Abraham Maslow）的「需求層次理論」，實用品更加是生活或工作所必需，而享樂品通常並非必需。而且，購買、消費享樂品，違背了大多數社會和宗教所崇尚的節儉原則，所以消費者購買和消費享樂品通常會產生一定的罪惡感。正因爲人們在聯合評估下更加理性，所以更偏好實用品，即選擇更必需的東西。

二〇二〇年底，我一位朋友所屬單位舉辦尾牙。由於朋友是單位的工會委員，因此他參與了尾牙的籌畫。當時，在設置尾牙頭獎的獎品時，他們主要考慮以下兩個方案：

A：價值一萬人民幣的家樂福超市購物卡

B：價值一萬人民幣的東南亞豪華郵輪雙人旅行

到底哪個比較好？爲此，他們在單位裡進行了問卷調查。結果發現，在A和B之間，大多數人選擇了A（超市購物卡）。於是，工會決定尾牙頭獎就是一萬元的家樂福超市購物卡。

尾牙上，一位員工幸運獲得頭獎，開開心心地領獎回家。

第二年，當朋友和其他工會委員再次爲尾牙獎品發愁時，他們決定去找去年獲得頭獎的員工，聽聽他的反饋。

結果，那位員工的話卻出乎意料：「獲得頭獎當然很高興！不過，我建議今年千萬不要設置家樂福超市購物卡爲頭獎。因爲我得獎後，不得不經常去家樂福買東西，每次去都人山人海，浪費很多時間。而且，超市裡都是日常食品和用品，買回來也沒有什麼快樂的感覺。我記得去年尾牙前做的問卷調查，另一個考慮的獎品是東南亞豪華郵輪旅行，爲什麼不用它當頭獎啊？如果是東南亞豪華郵輪旅行，我肯定會一輩子難忘！」

工會根據大多數人的選擇，設置家樂福超市購物卡爲頭獎，爲什麼效果並不是很好呢？其實答案很簡單。在做問卷調查時，使用的是聯合評估（被調查者同時看到A和B），所以理性促使大多數人選擇了生活裡更必需的實用品（超市購物卡），而非享樂品（豪華郵輪旅行）。然而，獲獎者在使用獎品時卻是單獨評估。很顯然，進行單獨評估時，享樂品往往比實用品更令人快樂。

事實上，工會做問卷調查時，如果是使用單獨評估（即問卷有兩個版本，被調查者只會看到A或B，讓他們對獎品打分數），就可以很容易發現，大多數人其實對豪華郵輪旅行的偏好度更高，也就不至於犯這樣看似「科學而民主」的錯誤了。

失去了才知道珍惜

在享樂品和實用品的聯合評估中，「獲得」還是「放棄」也會影響到人們的決策。我的一位朋友、耶魯大學管理學院的拉維．達爾教授，於二〇〇〇年和歐洲工商管理學院的克勞斯．沃頓博屈（Klaus Wertenbroch）教授在《行銷研究學報》發表的一篇論文提出：在選擇要「獲得」什麼的時候，人們更傾向於獲得實用品，而非享樂品

（理性選擇）；但是在選擇要「放棄」什麼的時候，人們則更傾向於放棄實用品，保留享樂品（感性選擇）。

爲了驗證這個假設，他們將實驗參與者隨機分成兩組，完成下面的實驗：

試想去年你租了一間公寓，公寓正對著一個大停車場，上班需開車四十五分鐘。現在，合約即將到期，房仲告訴你，因爲房東的關係，這間公寓無法續租。不過，房仲提供了其他公寓供你考慮，價格不變。現在，有兩間公寓供你選擇：

A：正對著一個美麗的湖，上班需開車四十五分鐘。

B：正對著一個大停車場，上班需開車十分鐘。

你選擇哪一間？

第二組實驗參與者一樣要在這兩間公寓之間做選擇，但參考對象有了變化：你現在住的公寓正對著一個美麗的湖，上班需開車十分鐘。

那麼，你選擇哪一間？

實驗結果表明，第二組實驗參與者選擇湖景公寓A的比例，遠遠高於第一組實驗參與者。

爲什麼？因爲在第一組實驗中，現在住的公寓沒有湖景，而且開車上班要四十五分鐘，與這個參考對象相比，新的公寓都更好：其中一間風景更好，交通時間不變；另一間風景不變，交通時間更短。因此，這是一個「獲得」的選擇決策，即在美麗湖景和交通方便之間，選擇要「獲得」哪一個。結果，更多人選擇更實用的交通方便（理性選擇）。

相反，在第二組實驗中，現在住的公寓已經有湖景了，而且開車上班只需十分鐘，與這個參考對象相比，新的公寓都更差：其中一間風景不變，交通時間更長；另一間交通時間不變，但風景變差。因此，這是一個「放棄」的選擇決策，即在美麗湖景和交通方便都已經擁有的情況下，選擇要「放棄」哪一個。結果，更多人選擇放棄更實用的交通方便，保留了更能享樂的美麗湖景（感性選擇）。

如何鼓勵人們消費享樂品？

了解以上規律的意義在哪裡呢？

今天，政府鼓勵老百姓消費，而擴大消費，主要就是增加享樂品的消費。因爲必需的實用品平時已經在消費了，即使錢變多，也不會增加購買。想一下，比爾．蓋茲的錢很多，他會比普通老百姓多買很多衛生紙嗎？不會。但可以確定的是，比爾．蓋茲會比普通老百姓買更多諸如私人飛機、遊艇等奢侈享樂品。

根據我們在前面的討論，要鼓勵人們消費享樂品，就要讓消費者把享樂品看成是已經得到的東西。一些商家善於利用這一點，比如旅行社爲了讓人們購買旅遊產品而贈送「價值」上千元的禮券。這些禮券本身沒有價值（無法兌換現金），要購買旅遊產品之後才能兌現。但是，收下這些禮券以後，人們就會在潛意識裡把禮券當作是自己已經「獲得」的東西，而不願意浪費它。結果，這些禮券就大大增加了人們購買旅遊產品的機率。

在超市買東西的時候，我們或許會注意到，那些非必需的享樂品（巧克力、洋芋片等）總是放在顯眼的地方，有的甚至放在電扶梯旁，讓人在上下樓時忍不住誘惑而隨手拿幾包。而那些必需的實用品（肉、蔬菜、調味品、米等）總是放在超市最後面的位置。

這樣的安排有什麼用意嗎？把享樂品放在人們容易注意到的地方，自然會增加人們選擇它的機率。當顧客隨手拿起幾盒巧克力放到購物籃裡的時候，可能會覺得，如果最後不想買，再把它們拿出來就好了。但到了結帳的時候，很少有人會把它們拿出來。這就是利用了人們不願意放棄享樂品的心理。

同樣的道理，在百貨公司，化妝品、香水、首飾這些享樂品多設在一樓，寢具、廚具、電器之類的實用品則多設在高樓層或地下一樓，這也是爲了讓顧客多購買享樂品。不過，現在大多數的百貨公司都要求顧客在選擇商品後馬上付款，然而，顧客一想到花錢的痛苦，很容易就選擇不買了。

有什麼辦法可以避免這個弊端呢？美國的梅西百貨想出了一個辦法，它允許消費者在商場各個樓層任意選購，選好商品後，再到任何樓層的收銀台一起結帳即可。這樣的結算方式，無疑會增加人們選擇享樂品的機率。

此外，商家在銷售一些「可有可無」的附加產品或服務時，也可以採用類似的策略，先讓人們免費使用，等到人們習慣使用這個產品或服務之後再開始收費。比如電信公司的一些加值服務，常常前三個月是免費的，等到三個月結束之後，很多用戶就會自動繳費續訂。

結語

每個人一生中會做無數次的評估，有些是單獨評估，有些是聯合評估。很多人覺得評估是件容易的事，只要跟著感覺走就行了。可是，在這些感覺之間，存在著天差地別的評估模式。

人生是由各式各樣的選擇組成，懂得評估模式對人們選擇的影響，我們可以爲自己的人生做出更好的決定，讓生活少一些遺憾和悔恨。

我們依然相信，最終的選擇掌握在自己手中，只要能夠且敢於揭開那層「評估模式」的面紗，正視自己想要的東西，必然能夠做出人生中最明智的選擇。

第三章

折衷效應

不只中國人喜歡中庸之道

爲什麼理髮的價格會有好幾種？

爲什麼同一車型總有不同的規格選擇？

眞的有人點餐廳菜單前幾頁貴得離譜的菜嗎？

「折衷效應」告訴我們，當人們在偏好不確定的情況下做選擇時，往往更喜歡中間的選項，因爲它讓人感到安全，不至於犯下嚴重的決策錯誤。換句話說，人們在選擇產品時，傾向於奉行「中庸之道」。

龐統給劉備的三條計策

《三國演義》是我最喜歡的一本小說，裡面有不少關於決策的故事。在第六十二回中，記述了這麼一件事：在劉備未得蜀之前，發書向當時占有蜀地的同宗劉璋求助軍馬錢糧，以助其會同孫權抵禦曹操。然而，劉璋卻怕「縱虎入室」，只撥了「老弱軍四千」和少量錢糧應付劉備。當劉璋的使者見到劉備，呈上回書時，劉備大怒，「遂扯毀回書，大罵而起」。劉璋的使者逃回成都。

當時，劉備的軍師龐統和劉備之間有如下對話：

龐統曰：「主公只以仁義爲重，今日毀書發怒，前情盡棄矣。」

玄德曰：「如此，當若何？」

龐統曰：「某有三條計策，請主公自擇而行。」

玄德問：「哪三條計？」

龐統曰：「只今便選精兵，晝夜兼道徑襲成都，此爲上計。楊懷、高沛乃蜀中名將，各仗強兵拒守關隘，今主公佯以回荊州爲名，二將聞知，必來相送，就送行處擒而殺之，奪了關隘，先取涪城，然後卻向成都，此中計也。退還白帝，連夜回荊州，徐圖進取，此爲下計。若沉吟不去，將至大困，不可救矣。」

玄德曰：「軍師上計太促，下計太緩，中計不遲不疾，可以行之。」

由此可見，面對上計、中計、下計這三種計策，劉備最喜歡的是中計。事實上，受到傳統文化的影響，大多數中國人做人和做事的原則也是遵循「中庸之道」。

那麼，在一個市場化的環境中，人們的選擇是否也會體現出中庸之道呢？或者說，在市場行爲中，也有所謂的中庸之道嗎？

如何增加高端商品的市占率？

還記得第一章的「對比效應」嗎？它雖然很簡單，卻因爲推翻了傳統經濟學原理而引人注目。對比效應之所以存在，就是因爲在多個選項中，新加入的選項在各方面都不如某個舊選項（可以把新選項看作舊選項的「托」），因此，新加入的選項不但無法分走市占率，還會導致更多人選擇占有優勢的舊選項。

那麼，如果新加入的選項並不被某個舊選項占據優勢（新選項不是任何舊選項的「托」），結果又會如何呢？舊選項的市占率是否就一定會下降？

事實上，即使新選項並不被某個舊選項占據優勢，傳統經濟學原理仍可能被推翻，即舊選項的市占率依然可能上升。

不信？我們一起來做一個實驗。

假設你到你家附近的超市買柳橙汁，有下面兩種價格和品牌的柳橙汁可供選擇，你會選擇哪一種？

A：大湖柳橙汁，六百毫升，五十元

B：都樂柳橙汁，六百毫升，一百元

想一想，然後把你的選擇寫在一張紙上。

現在，換一種情況，如果你家附近的超市有下面三種柳橙汁可供選擇，這時你會選擇哪一種呢？

A：大湖柳橙汁，六百毫升，五十元

B：都樂柳橙汁，六百毫升，一百元

C：佛羅里達陽光有機柳橙汁，六百毫升，兩百四十元

你的回答會與第一種情況相同嗎？

我在清華大學爲企業高階主管上課時曾做過上述實驗。實驗結果表明，在第一種情況下（兩種柳橙汁供選擇），選擇A大湖柳橙汁的學員大約占五〇%，選擇B都樂柳橙汁的學員也大約占五〇%。

然而，在第二種情況下（三種橙汁供選擇），選擇B都樂柳橙汁的人數大大增加了，大約有七〇%的人選擇它，另外大約二十%的人選擇A大湖柳橙汁，剩下大約一〇%的人選擇C佛羅里達陽光有機柳橙汁。

由此可見，雖然新選項C佛羅里達陽光有機柳橙汁並沒有被B都樂柳橙汁占據優勢（C並非B的「托」），但是由於新選項的加入，選擇B都樂柳橙汁的人增加了大約二〇%。

折衷效應

這個現象就是消費者行爲學中著名的「折衷效應」。**當人們在偏好不確定的情況下做選擇時，往往更喜歡中間的選項，因為它讓人感到安全，不至於犯下嚴重的決策錯誤**。換句話說，人們在選擇產品時，傾向於奉行「中庸之道」。

更有意思的是，與「對比效應」違背了傳統經濟學原理一樣，「折衷效應」也徹底底違背了傳統經濟學原理。傳統經濟學原理告訴我們，在封閉的市場裡，有A產品和B產品在競爭，兩個產品都有一定的市占率，這時，如果加入任何一個C產品，經濟學原理認爲A產品和B產品的市占率都會因爲新的競爭對手C產品的加入而下降。

然而，折衷效應告訴我們，即使新加入的C產品並沒有比較差（C產品並不是任何產品的「托」），也能使B產品被選擇的機率大大增加。因爲C產品的加入，使B產品成爲折衷選項，進一步讓選擇B產品顯得更加安全。

史丹佛大學商學院的伊塔瑪．賽門森教授是行銷與消費者行爲研究領域的知名學者。一九八九年，賽門森教授在《消費者研究學報》上發表了一篇論文，第一次介紹了折衷效應。

說起賽門森教授，可謂消費者行爲學術界的一派宗師。我的研究領域正好也屬於賽門森學派，我在哥倫比亞大學商學院攻讀博士學位時的導師朗・奇維茲教授就是賽門森教授的學生。二〇一一年十月，在北美消費者研究年會期間，賽門森教授正好年屆六十，當時，我和幾十位賽門森教授學派的學者從世界各地趕到美國開會並爲他祝壽，可見賽門森教授在全球行銷學術界的影響力。二〇一二年，賽門森教授獲得了全球消費者研究領域的最高榮譽——消費者研究學會評選爲院士。

那麼，到底什麼是「折衷效應」？

如圖3.1所示，假設在V和W兩個屬性上，有五個選項：A、B、C、D、E。A在V屬性最優，在W屬性最差。以此類推，E在W屬性最優，在V屬性最差。V和W兩個屬性對你來說都很重要，這時就很難抉擇。

賽門森教授的研究發現，同樣是產品B，在選擇集一（A、B、C）中被選擇的機率大於選擇集二（B、C、D）。因爲在選擇集一中，B是折衷選項，而在選擇集二中，B是極端選項。

類似地，在選擇集二（B、C、D）中最受歡迎的選項C，在選擇集三（C、

D、E）中也成了極端選項，被選擇的機率也大大下降。

理髮店的價目表

不要以爲了解折衷效應，你的選擇就不會受影響。以我爲例，雖然我經常在教企業高階主管折衷效應，自以爲能夠不受影響，可是偶爾還是免不了上當。

多年前，我剛回清華大學任教時，有一次我去大學門口的理髮店理髮。

一進到店裡，店員就熱情地迎上來問候：「老師您好！」

圖 3.1 選擇的折衷效應

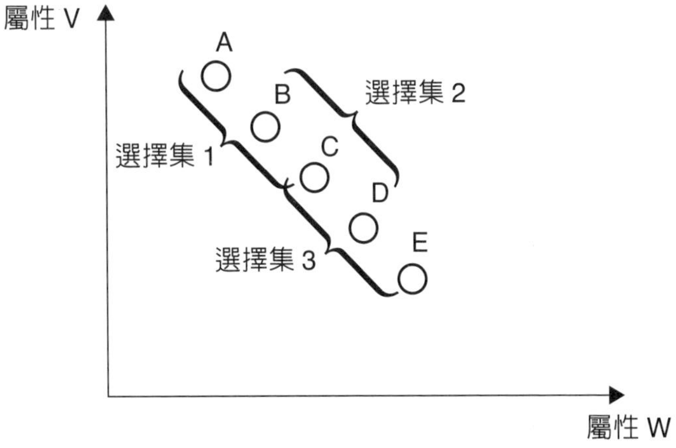

我很好奇地問：「你怎麼知道我是老師？」

店員笑著說：「在清華門口，我們都這麼叫。」

我不由得也笑了，服務態度不錯嘛！

店員接著問：「您是來理髮嗎？有沒有熟悉的理髮師？」

我是第一次去這家店，就告訴他：「沒有。」

店員又問：「那您想找什麼價位的理髮師？」

我又好奇地問：「有哪些價位？」

他拿了一個價目表給我看，說：「有三十八人民幣的，還有六十八人民幣的。」

「有什麼不一樣呢？」

「三十八元的是普通理髮師給您剪頭髮，六十八元的是總監級理髮師給您剪頭髮。先生，您要哪一個？」

我心想，理髮還有總監？六十八元可比三十八元貴不少，不就是想多賺我的錢嗎？我可是教行銷和消費者心理學的。於是我說：「就三十八元的吧！」

這時候，我看到店員眼中閃過一絲說不出但令我不太舒服的感覺。（你能體會，是不是？）

那次不太愉快的理髮經歷之後，我再也沒有去過清華門口那家理髮店，而是改去另一家位於五道口的理髮店，離清華也不遠。

第一次去這家理髮店時，店員告訴我店裡提供的理髮服務有三十八元、六十八元、九十八元和一百二十八元四個價位。同樣地，我問店員這四個價位有什麼區別。店員說：「三十八元是由普通理髮師給您理髮，六十八元是由總監級理髮師給您理髮，九十八元是從韓國學習回來的高級總監給您理髮，一百二十八元的是店長親自給您理髮！」說到「店長」兩個字時，他還提高了聲調。

面對這四個選項，我的想法就不太一樣了。我實在不好意思選最便宜的三十八元，因爲這樣不僅在店員面前有點丟臉，而且實在對不起自己，我平時工作那麼努力，難道是爲了什麼東西都選最便宜的嗎？

於是我選擇了六十八元的。這時候，我看到店員眼中閃過一絲笑意，我也不由得笑了。

「折衷效應」確確實實在我身上應驗了，儘管我經常在課堂上教別人不要上折衷效應的當。

餐廳的菜單

「折衷效應」還經常出現在餐館的菜單上。

北京一些中高檔餐廳往往價格很高，尤其是菜單的前幾頁很嚇人，常常一道菜就幾百、甚至接近千元人民幣，例如八百八十八元的澳洲龍蝦、六百八十八元的魚翅等。如果並非商務應酬，而是自掏腰包請朋友吃飯，你可能捨不得點這麼貴的菜。

拿著菜單繼續往下翻，看到中間幾頁時，心裡的石頭就稍稍落地了，因爲你會看到不少價格雖然稍高、但仍能接受的菜，例如九十八元的手抓羊排。繼續往下翻，在最後幾頁，你會看到價格最低的菜，例如十八元的醋溜土豆絲。這時候，你心裡會想，請朋友吃飯，十八元的土豆絲有點太寒酸了，還是點九十八元的手抓羊排吧！既不太貴，又很有面子！

於是你選擇了手抓羊排這道菜，並且爲自己做了一個聰明的決定而暗暗高興。

假想在菜單的第一頁，沒有這些一道好幾百元、甚至接近千元的菜，你會如何選擇呢？如果第一頁就是九十八元的手抓羊排，可能你也會覺得它有些貴。於是你繼續往下翻，可能看到了六十八元的鎮江小排骨。在最後一頁，你同樣看到了十八元的醋溜土豆絲。這時，你是不是很有可能就選擇六十八元的鎮江小排骨呢？

聰明的餐廳老闆正是利用了折衷效應，讓你點較貴卻又並非最貴的菜。事實上，有些最貴的菜可能根本就沒有貨。因爲如果每天都沒有人點這些最貴的菜（如八百八十八元的澳洲龍蝦），餐廳可能不會進很多貨（那麼貴的龍蝦可能會因爲沒人買而死掉）。有些菜只不過是放在菜單上影響顧客的選擇而已。

爲了驗證這一點，有一次我親自裝了一回有錢人。那是一家中檔的餐廳，我和家裡人一起去吃飯。當我翻開菜單時，居然在菜單的第一頁看到了好幾道非常貴的菜，其中一道是八百八十八元的薑蔥炒龍蝦！我當時心血來潮，決定來點龍蝦。

店員聽到臉色一變，很慌張地說：「對不起，先生。今天龍蝦沒貨了。」

我仍然裝著很認眞地對店員說：「沒關係的，咱今天不差錢。」

店員仍是一臉無奈，說：「對不起，先生。這道菜今天眞的沒有。」

我居然也活生生演了回「不差錢」。

iPhone 的定價策略

聰明的企業經常利用折衷效應來引導消費者選擇更高價位的產品，以提高收入和利潤。

自蘋果公司在二〇〇七年推出 iPhone 以來，iPhone 就一直是智慧型手機全球市場的霸主。反映在市值上，蘋果公司在過去十幾年也突飛猛進，截至二〇二一年十一月三十日，蘋果公司以高達兩萬七千一百億美元的市值位居全球第一！

我們一起來看看 iPhone 的定價策略。以二〇二一年推出的 iPhone 13 爲例，蘋果公司提供了以下四個選項：

一、iPhone 13 mini，價格是六百九十九美元起

二、iPhone 13，價格是七百九十九美元起

三、iPhone 13 Pro，價格是九百九十九美元起

四、iPhone 13 Pro Max，價格是一千零九十九美元起

你是不是已經看出來了?是的，蘋果公司也在利用折衷效應。市場數據表明，四款手機中，位居中間（折衷）的 iPhone 13 和 iPhone 13 Pro 最暢銷。即使是同一款手機，蘋果公司的定價仍然採用類似的折衷策略。以 iPhone 13 Pro 爲例：

一、一二八 GB，價格是九百九十九美元

二、二五六 GB，價格是一千零九十九美元

三、五一二 GB，價格是一千兩百九十九美元

四、一 TB，價格是一千四百九十九美元

聰明的你是不是仍然看到了折衷效應的影子?在這四款 iPhone 13 Pro 中，二五六 GB 和五一二 GB 也成爲最受歡迎的版本，因爲一二八 GB 顯得太小，而一 TB 又有些貴。

高端經濟艙的成功祕密

折衷效應還能在推出新產品、產品定位和品牌延伸等問題上，給企業很多有益的啓示。比如在產品設計和定位的時候，企業不妨將新產品定位在「中庸」路線，以獲得消費者的青睞。

現在出差、旅行選擇搭飛機的人越來越多，但大多數人都是選擇經濟艙。各大航空公司頭等艙、商務艙的票不及經濟艙好賣，是公認的事實。但是，經濟艙的缺陷也很明顯，報到時擁擠的隊伍、狹小的座位、「姍姍來遲」的行李，都讓人感到很不方便。既然如此，爲什麼不提供一個在商務艙和經濟艙之間的折衷選項，既讓人們享受到方便，也爲航空公司創造更多的利潤呢？

中國南方航空公司於二〇一〇年三月推出的「高端經濟艙」就是這樣的嘗試。高端經濟艙定位在商務艙和經濟艙之間，它爲乘客提供更寬敞的乘機空間，座位前後距離比普通經濟艙多四〇%。此外，高端經濟艙有自己的櫃台，乘客可以快速辦理報到手續，下飛機後還可以享受行李優先到達的待遇。此外，南方航空還爲高端經濟艙的乘客提供了一些讓人愉快的服務，如贈送礦泉水和旅途中的小餐點等，讓乘客感受到優待。

那麼，多了這些優待，高端經濟艙的票價是多少呢？不過是普通經濟艙的全價罷了。這樣的價格比商務艙的票價更容易接受，而且讓人覺得是「花經濟艙的錢，享受商務艙的服務」。更重要的是，很多單位爲了節約成本，差旅政策都規定不能報銷頭等艙和商務艙，但對於經濟艙，不管是全價還是折扣價，都可以報銷。出差時覺得坐經濟艙太辛苦，誰不願意多花一點錢，讓旅途更加舒適些？而且，全價的高端經濟艙是可以報銷的。高端經濟艙的出現就彌補了這個需求上的空缺，也大大提高了南方航空的利潤率。

南方航空雖是中國第一家引入高端經濟艙的公司，但在國際上，這樣的概念已經出現很多年了，只不過所用的名稱不同而已，有的叫 economy premium（高端經濟艙），有的叫 economy plus（豪華經濟艙），有的叫 economy comfort（舒適經濟艙），有的乾脆就叫 even more legroom（更寬敞的腿部空間）。一些航空公司更懂得幽默地宣傳高端經濟艙的好處。比如，二〇〇七年五月，美國捷藍航空公司就曾經聘請籃球運動員在機場踩高蹺，宣傳自家的「更寬敞的腿部空間」，此舉吸引了很多乘客駐足觀看和拍照，捷藍航空公司也因此有效地宣傳了高端經濟艙的優點。

捷藍航空公司給其他航空公司的啓示，在於它懂得如何挖掘細分客群，並且不忘輕鬆、有效地宣傳自家的增值服務。在美國，捷藍航空是一家年輕的公司，一九九九年成立，二〇〇一年開始營運，它最初拿到的承運航線非常少，只在加州的長灘和麻省的波士頓等幾個城市間飛行。因爲難以和大公司抗衡，捷藍只能做廉價航班的生意。同時，捷藍未加入任何航空聯盟，開拓市場、爭取客戶也都只能靠自己。

然而，就在十年的時間裡，這家小小的航空公司憑藉著自己的特色服務和品牌宣傳，成爲美國最有口碑、評級最高的航空公司之一。美國著名的《康德納斯特旅行家》雜誌連續六年將捷藍航空評爲「最佳國內航空公司」，它也是美國唯一一家被評爲國際四星的航空公司。

捷藍航空成功的祕密究竟是什麼？簡單來說，就是不斷改善顧客體驗，提高服務品質。捷藍航空很清楚自己的乘客大部分都是買不起頭等艙和商務艙的普通老百姓，然而，老百姓搭飛機就不需要舒服了嗎？要知道，在狹小擁擠的經濟艙裡，縮手縮腳地坐幾個小時是件很痛苦的事情，於是捷藍航空萌生了改善經濟艙座位的想法。雖然不能直接提供頭等艙給乘客，但作爲一種折衷辦法，它將飛機前六排座位前後加寬四英寸。

對於加寬的高端經濟艙，捷藍航空按飛行距離收費：

短程：六百英里以下，十美元

中程：六百至一千五百英里，十五美元

長程：一千五百英里以上，二十美元

和經濟艙比起來，多十到二十美元貴不到哪裡去，卻可以獲得更寬敞的座位空間，這就迎合了消費者的折衷心理，得到了他們的熱情回應。根據捷藍航空的財務數字，高端經濟艙推出的第一年，就爲公司帶來了四千萬美元的額外銷售收入。

除了更寬敞的座位，捷藍公司的航班還有很多吸引乘客的地方，比如每個乘客都可以享受個人娛樂播放系統，隨意點播自己想看的影視劇，以及免費、無限量供應的小吃或零食。幾個小時的國內線，乘客又能吃多少呢？想明白這個道理之後，捷藍航空發現，這麼做可以大大提高乘客的滿意度和回頭率。

從二〇一〇年九月開始，捷藍航空又爲高端經濟艙乘客推出了一項新服務：提前登機。在很多機場，我們經常可以看到人們爲了早點上飛機，以免放行李的地方不夠，很早就排起了隊伍。但如果你買的是高端經濟艙，就可以提前上飛機。

捷藍航空是一家低成本的廉價航空公司，票價比其他大公司平均要低六五％。但它很清楚自己的賣點並不只在於低價，優質的服務同樣非常關鍵。因此，捷藍航空對外的宣傳重點不是自己有多便宜，而是能提供給乘客哪些實在、便利的服務。今天，全球的航空公司都爲了節約成本，服務不斷縮水。在這樣的情況下，捷藍航空提出把人的感受放在第一位，的確是需要勇氣又富於遠見。用它自己的話來說：「我們載送的是人，而不是一架飛機。」

捷藍航空的發展歷程也許能夠爲其他小型航空公司提供借鑒，同時也爲傳統的大型航空公司提個醒。無論任何時候，都要敢於做自己，敢於提出和履行自己的主張。不管做出的每一步改善有多麼微小，只要踏踏實實地做好顧客服務，市場便會給你相應的回報。

汽車的多種配置版本

不僅航空公司會推出折衷選項，汽車生產商也大量採用了折衷策略，同一車型總有不同的配置版本。以上海通用的 LaCrosse 爲例，有配置簡單的舒適版、雅致版，還有等級較高的豪雅版、豪華版和旗艦版。又如一汽大眾的 Magotan，同樣有標準型、精英型、舒適型、豪華型、尊貴型等多個版本。

現在，我們來做一個實驗。假設你想買福特的一款車，有舒適型和精英型兩個選擇，售價分別是五十萬元和六十萬元。那麼精英型和舒適型的不同在哪裡呢？銷售人員告訴你，精英型比舒適型多了眞皮座椅。你很喜歡眞皮座椅，但爲需要多付十萬元而猶豫。畢竟，汽車只是代步工具，能開就可以了。

如果福特公司再推出一款豪華型配置，不僅包括眞皮座椅，還有倒車顯影，售價七十萬元。這時，你會選擇哪個車型？折衷效應告訴我們，你選擇精英型的可能性會大大提高。因爲豪華型的存在，讓精英型變得更加可以接受。折衷選項之所以受青睞，不是因爲它夠好、夠吸引人，而是因爲它在心理上更容易讓人接受。

由此可見，引入折衷選項的聰明之處在於，如果只有兩種選擇，往往會讓消費者在選擇時感到左右爲難。因爲二選一是最困難的，無論選擇哪一個，都讓人覺得是放棄了另一個選項。但是如果引入第三個選項，其中的折衷選項就會顯得更具吸引力，成功化解選擇的兩難局面。

國際快遞

每週，我和我的博士、碩士生都要開一次研究會議，討論研究項目，有時也無所不談。前不久，一位來自德國的留學生伊蓮娜告訴大家她剛剛去郵局寄文件到德國的經歷。

在郵局的櫃台，伊蓮娜用頗爲標準的中文問：「我要寄這份文件到德國，多少錢？」

櫃台後方的服務人員回答：「八元人民幣。」

伊蓮娜又問：「多久能夠送到？」

「一個月。」

「這麼慢？有沒有快一點的？」

「有啊。特快專遞，五天到，兩百元。」

面對這兩個選擇，伊蓮娜感到很爲難：「兩百元太貴了！我只好選八元的平郵，但要等一個月才能送到。爲什麼郵局不提供第三個選項，例如只需一百元就可以兩週送到的快遞？那樣的話，我肯定選一百元的快遞。」

另外一個博士生同學聽到這，哈哈大笑，說：「因爲中國郵政還不知道折衷效應！」

確實如此，只要多增加一個一百元的折衷選項，伊蓮娜就會立即選擇它，中國郵政也能在這次交易中提高十二．五倍的收入（從八元變成一百元）！或者，如果多增加一個五百元三天到達的選項，伊蓮娜選擇兩百元五天到達的可能性也會大大增加。

汽油價格

每一次油價上漲，都會引起民眾不滿。爲什麼我們的收入比美國人低，可是我們的油價卻比美國高呢？這時候，被俗稱爲「兩桶油」的中石油和中石化就成爲人們熱議的對象。中石油和中石化也總是滿肚子委屈，因爲如果不漲價，它們就會虧損。老百姓則經常反問：「爲什麼明明油價比美國高，薪資比美國低，卻還不時地喊虧損？」

也許，中石油和中石化眞的有很多地方需要向美國的同行學習。我們不妨來想想。

中國的加油站一般只提供兩種補貼的汽油：九二普通汽油和九五高級汽油。我並不清楚這些汽油標號的具體差別，但是我心裡有個模糊的印象，那就是越貴的油越好。普通車既可以加九五汽油，也可以加九八汽油，而很多豪華車就只能加九八汽油。這時，開普通車的我，會選擇加哪一種油？在這兩種汽油之間，我選擇九五普通汽油。

從中石油和中石化的角度來說，我選擇九五普通汽油，利潤率自然不如價格較高的九八高級汽油。

有沒有辦法讓消費者自願選擇更貴的九八高級汽油，而不是像現在這樣，靠漲價來提高利潤率？我們來看看美國的石油公司是怎麼做的。

我在美國紐約生活了八年，經常和美國的加油站打交道。我通常是去最大的石油企業埃克森美孚公司的加油站。每次加油，我發現加油站提供三種不同價格的汽油：

一、八七普通汽油，價格最低

二、八九高級汽油，價格適中

三、九一特級汽油，價格較高

還是留學生的時候，由於收入低，我加油時總是選擇最便宜的普通汽油。但是工作之後，隨著收入提高，慢慢地，我開始覺得應該給自己的車加更好的油。畢竟，每個月都捨得花幾百美元租地下停車場了，爲什麼不多花點錢，加好一點的油來愛護自己的車？於是，加油時我開始選擇高級汽油，價格在普通汽油和特級汽油之間。

有時，遇到重大的節日（例如新年）或自己特別開心（例如發獎金）時，我就想，今天讓愛車也「喝」點最好的油，這時我會選擇特級汽油。

這是不是「折衷效應」又在發揮作用？由此可見，折衷效應在市場行銷中有非常廣泛的應用。這樣的經營方式，是否比直接漲價更容易被人接受呢？

如何提高生育率？

二〇二一年五月三十一日，中共中央政治局舉行會議。會議指出，爲進一步優化生育政策，將實施一對夫妻可以生育三個子女的政策。這一政策立刻引起了全民的熱議，很多人都在思考三胎政策的有效性。確實，對於大多數人來講，養育一個孩子的成本不小，三胎可能根本不敢考慮。

然而，如果從折衷效應來理解，或許就能明白三胎政策背後的苦心了。

在三胎政策之前，每個家庭面臨以下三個選擇：

不生：沒有養育成本

一胎：養育成本較高

兩胎：養育成本最高

由此可見，在三胎政策之前，不生和生兩胎都是極端選項。雖然不生就沒有養育成本，但面對的社會壓力較大，因此大多數家庭都會選擇生一胎這個中間而安全的選項。

根據國家統計局數據，中國二〇一七年出生人口爲一千七百二十三萬，二〇一八年爲一千五百二十三萬（下降兩百萬），二〇一九年爲一千四百六十五萬（下降五十八萬），二〇二〇年爲一千兩百萬（下降兩百六十五萬）。由此可見，二〇一六年開始實施的全面二胎政策，確實沒有達到提高出生人口的預期。

現在推出三胎政策，每個家庭將面臨以下四個選擇：

不生：沒有養育成本

一胎：養育成本較低

兩胎：養育成本較高

三胎：養育成本最高

由此可見，在三胎政策之後，不生和生三胎都是極端選項，生兩胎則從原來的極端選項變成中間選項。因此可以預測，儘管大多數家庭不會選擇生三胎這個極端選項，但選擇生兩胎這個中間而安全的選項的家庭將會變得更多。這不就達到了提高出生人口的目的了嗎？

結語

「折衷效應」說明了一個簡單卻又經常被忽略的問題：消費者並不如我們想像中那樣「愛便宜」。儘管消費者都喜歡「物美價廉」，但在面對一系列選擇的時候，他們還是會把價格和品質做連結，避免購買最低端的產品。

在市場競爭激烈的今天，消費者面對的是多種價位和品質的選擇。一個中端產品的推出，就可以輕易從低端產品的銷量中分走一杯羹，這對於產品線位在最低端、走低價路線的企業是不利的。而希望透過低價競爭來占領市場的企業，更需要三思而行。

第四章

沉沒成本

堅持不易，但放棄更難

爲什麼一道菜難吃也要全部吃光？
爲什麼股票下跌仍不肯立刻「割肉」？
爲什麼市值一千兩百二十五億美元的雅虎，
最終以四十八億美元賤賣？

「沉沒成本」告訴我們，人們並不是從當下的角度衡量得失，而是把過去已經發生的成本納入其中。所以，即便要承受更多的損失，人們也會因爲心疼原來的投入而追加投資。

新年的意義

新年是讓人愉快的時刻，不僅因爲有美食、聚會、隆重的慶祝儀式和熱鬧的表演，還因爲你可以盡情玩樂，不必擔心時間。即使前一天玩通宵，第二天也可以睡到自然醒，這無疑爲我們平時緊張而規律的生活提供了調劑。

當然，單調的吃吃喝喝和串門子也會讓人感到乏味。但是新年帶來的最寶貴的禮物，是一種「新」的感覺。當時鐘的秒針劃過午夜十二點的那個瞬間，你會覺得一切又都是新的開始。你似乎告別了前一秒那個「舊」的自己，展望新的一年，你心裡有希望，也許還有新的一年要完成的計畫和打算。這種煥然一新的感受讓你覺得興奮，不是嗎？畢竟，萬事萬物又來到了一個新的起點。

然而，再仔細看一看，又有什麼是「新」的呢？銀行帳戶的存款沒有因爲新年的到來而增加；你需要完成的工作不會因爲新年的到來就自動歸零；你所面臨的壓力和困擾、生活中存在的問題，都不會因爲新年的來臨而變化。所以，並沒有什麼東西是新的，所謂「新」只是一種心理狀態。但是，很多時候，這就是一個重要的轉變。

在面對一個新的起點時，我們應該怎樣面對過去，而不局限於過去？過去對我們有什麼影響？我們又應該怎樣處理過去和現在、未來的關係？

在這一章當中，我們將了解是什麼讓人們總停留在過去，又是什麼讓人們裹足不前。

你願意冒雨去看比賽嗎？

我在清華大學爲企業家學員講課時，經常問他們這樣一個問題：「試想你手裡有張今晚在北京五棵松體育館的籃球賽門票，是你最喜歡的NBA球隊在北京的季前賽，你花了八百八十八人民幣買下這張票。然而，就在你從家裡準備出發時，天公不作美，居然電閃雷鳴，下起傾盆大雨。你知道，這樣的暴雨夜，北京的路況糟透了，車輛會堵得紋絲不動，各條道路都會變成停車場，交流道底下甚至可能大量積水，導致車輛無法通過，有時甚至會帶來生命危險。地鐵站也可能因爲進水而停駛。這時，你是願意冒著暴雨去看比賽，還是放棄八百八十八元的門票而留在家裡呢？」

這時，很多學員臉上都流露出爲難的表情。

我追問：「到底去不去？」

結果，大多數學員選擇了冒雨去看比賽。

我再次追問：「爲什麼？」

不少學員回答：「因爲這是最喜歡的NBA球隊的比賽啊！」

我接著說：「好。現在，換一種情況，同樣是你最喜歡的NBA球隊的比賽，同樣是八百八十八元的票，同樣是暴雨夜，但是你手裡的這張票不是自己花八百八十八元買的，而是清華大學經濟管理學院免費贈送給你們的。這時，你是否還願意冒著暴雨去看比賽？」

很多人仍然猶豫不決，但他們似乎更感到迷惑。

我繼續追問：「到底去不去？」

結果，大多數學員選擇了放棄比賽，留在家裡，包括不少之前回答因爲是最喜歡的NBA球隊而選擇冒雨去看比賽的人。

我笑道：「你們啊，眞是葉公好龍！之前說因爲是最喜歡的NBA球隊，所以願意冒雨去看比賽，其實不過是捨不得自己花的八百八十八元而已。要不，爲什麼同樣是最喜歡的NBA球隊，但是當門票是免費贈送的時候，卻不願意冒雨去看比賽了呢？」

沉沒成本

這個例子所說明的現象就是著名的「沉沒成本」效應。**所謂沉沒成本效應，是指人們容易因為以前在某件事物上的投入而繼續投入，即使繼續投入可能虧得更多**。換句話說，人們並不是從當下的角度來衡量得失，而是把過去已經發生的成本納入其中。所以，即使要面對更多的損失，人們卻因爲心疼原來的花費而選擇繼續承受損失，而且還追加投資。

最早研究沉沒成本效應的，是美國俄亥俄大學心理學系的霍爾·亞科斯教授和凱瑟琳·布魯默教授。一九八五年，他們在《組織行爲與人類決策過程》學報上發表了一篇論文，第一次以實驗驗證了沉沒成本效應的存在。

爲了驗證沉沒成本和人們觀看演出的頻率之間的關係，亞科斯教授和布魯默教授設計了一個很有意思的實驗。一九八二年的一天，俄亥俄大學的校內劇院對前來購買演出季票的前六十人隨機出售三種價格的演出票，分別是：

一、十五美元的全票（無折扣）

二、十三美元的打折票（比全票低兩美元）

三、八美元的打折票（比全票低七美元）

這三種票是隨機出售的，當購票人來到售票窗口時，他並不知道有好幾種不同價格的票。在接下來的六個月裡，工作人員可以根據票根的不同顏色得知每個觀眾所持票種。亞科斯教授和布魯默教授將結果統計之後發現，那些買了全票（十五美元）的觀眾比買了打折票（十三美元或八美元）的觀眾看的演出更多，他們觀看演出的次數分別是：四．一一次、三．三二次和三．二九次。

根據傳統經濟學理論，觀眾會依照自己的喜好決定要看哪場演出，而三種價位的票又是隨機分配的，那麼，他們來看演出的頻率就不應該有明顯的不同。然而，三個不同價位的票卻有顯著的區別，買了全票的觀眾看演出的積極性明顯要更高一些。爲什麼？因爲買了全票的觀眾與其他人最大的不同，就在於他們買的票沒有打折，他們的「沉沒成本」要更高一些。

生活中的沉沒成本效應

在生活中，人們經常會因爲沉沒成本而做出一些哭笑不得的事情。我一個好友曾經爲了折扣，一時興起買了一台單眼相機。爲了讓這筆消費物有所值，他又購置了一套鏡頭，儼然一個攝影愛好者，出遊時總是不辭勞苦地帶上這套笨重的傢伙。不久之後，他終於受不了這套笨重的長槍短砲，把它們扔在家裡，成爲只用手機拍照的輕鬆一族了。

如果你覺得自己非常理性，不會受到沉沒成本效應的影響，那麼不妨來看看下面這個例子。

假設你煮了一壺全世界最昂貴的麝香貓咖啡，在喝了一、兩杯之後，你覺得很滿足，不想再喝了。這時，咖啡壺裡還剩下一些咖啡。假設沒有人和你一起喝咖啡，你是會把這些咖啡倒掉，還是把它喝完呢？

你是否覺得把這麼好的麝香貓咖啡倒掉，豈不浪費？因此，即使已經喝夠了，你仍然希望把剩下的咖啡喝完。如果你是這樣想的，你就是受到沉沒成本效應的影響。沉沒成本效應反映了人們「不想浪費」的想法。所以，即使你已經不想喝咖啡了，還是會希望把剩下的咖啡都喝掉。

如果你平時不喝咖啡，那麼想想去餐廳吃飯的情景吧。在大快朵頤之後，你發現菜點多了，還剩下一些吃不完，怎麼辦？這時候的你，即使已經很飽了，是不是會因爲不想浪費而又多吃幾口？

你可能沒有意識到，這時候，沉沒成本效應已經在起作用了。要知道，多吃幾口，對你的身體可能反而是有害的，例如體重增加，或者導致胃腸負擔過重。而最後，面對仍然吃不完的菜餚，你又因爲不想浪費，決定打包帶回家。你可能同樣沒有意識到，這時候沉沒成本效應又在起作用了。第二天，當你打開冰箱，發現昨夜餐廳裡的精美菜餚，在餐盒裡變成了殘羹冷炙，整個冰箱充滿了一股異味。這時你胃口全無，最終決定全部倒入垃圾桶。

其實，就算我是一個了解沉沒成本效應的研究者，也經常抵禦不住沉沒成本的誘惑。

有一次，我和朋友去餐館吃飯，點了一盤四百多人民幣的牛排，可是廚師把這塊牛排烤得太老了，切都切不動，更別說下嚥了。可是一想到它是整頓飯裡最貴的餐點，不想浪費的念頭就占了上風，於是我和朋友還是千辛萬苦地把它吃下去。這也是沉沒成本在誘導我們犯錯，因爲我們不是以好吃與否來決定吃完哪盤菜，而是以付了多少錢來決定，結果不僅對不起自己的錢包，還對不起自己的嘴巴和腸胃。

股票裡的沉沒成本效應

沉沒成本效應導致的非理性行爲，在生活中無處不在，當然也包括股票投資。

二〇一〇年，主打正版影視的樂視網在創業板上市。之後，樂視網的股價迅速上升。二〇一五年，樂視網市值高達一千七百億人民幣，成爲創業板第一股。我一位做私募股權投資的朋友，在二〇一三年時入手樂視網，看著樂視網的股價飛漲，他也樂開了懷。他沒有選擇出售股票套利，而是繼續持有。因爲他相信樂視網的股價還會繼續升高，還積極推薦朋友購買。

我從來不炒股票，一是不懂，一是沒時間。然而，聽到他推薦樂視網股票，我卻隱隱擔心。因爲儘管樂視網在影視娛樂和體育產業非常成功，但它大筆投資智慧型手機和電動車，卻是風險極高。從商業的角度來理解，樂視網在影視娛樂和體育產業的成功，並不意味著它在競爭激烈的智慧型手機和電動車產業也有優勢。事實上，全球智慧型手機巨頭蘋果、三星，以及全球電動車巨頭特斯拉，都將是樂視網可怕的競爭對手。

果然，好景不長，樂視網在二〇一五年市值登峰造極之後，便開始一路下跌。然而，我的這位朋友每每遺憾自己沒有在二〇一五年的高點出售套利，卻仍然不願選擇「割肉」，因爲他不願意接受損失。他仍然固執地相信樂視網有可能會再次上漲。

市場無情，在智慧型手機和電動車市場上的巨額投資，把樂視網壓得喘不過氣來。二〇一七年初，樂視網已經風雨飄搖，但創辦人賈躍亭仍努力讓樂視網獲得了孫宏斌旗下融創中國一百五十億人民幣的注資支持。然而，即使有這一百五十億元的注資輸血，也幫不了樂視太久。二〇一七年四月，賈躍亭遠逃美國避債，其「下週回國」的諾言到今天仍然沒有兌現。二〇二〇年，樂視網終於被深圳證券交易摘牌退市，賈躍亭也在美國宣布破產。孫宏斌在接受記者採訪時流著淚說：「樂視網是個失敗的投資。」我的朋友也無奈地說：「樂視網從市值一千七百億元跌到退市，二十八萬股民損失慘重，幸虧我當初沒有買太多。」

在股票投資上，很多人在股票下跌時不願意「割肉」，而選擇繼續追加持有，寄希望於股票能夠止跌回升，結果卻被深深地套牢。這種現象同樣和沉沒成本有關。

事實上，不管你過去買的價格如何，如果你預期明天或將來，該股票價格將比今天低，就應該果斷「斬倉」；而如果你預期該股票價格將比今天高，就應該果斷「補倉」。

然而研究發現，對於同一檔股票，如果人們過去買的價格高於今天的股價，大多數人選擇相信這檔股票將來會再漲回去，於是，不僅不願意斬倉，反而更願意補倉。如果過去沒有高價購買，人們對這檔股票將來是否上漲的判斷會更爲客觀。

惠普的十二億美元

同樣的情況還可能發生在大企業的收購上。二〇一〇年七月，作爲全球最大的ＩＴ公司之一，惠普收購美國知名智慧型手機生產商 Palm，試圖借助 Palm 開拓智慧型手機的業務。當時，Palm 是 PDA 市場上的霸主，一度占據了九〇％的市占率，同時也是智慧型手機產業的領先企業之一。爲了買下 Palm，惠普支付了十二億美元。但是 Palm 並沒有給惠普帶來相應的利潤，在蘋果、三星、谷歌等對手的擠壓下，Palm 的核心技術迅速貶值。

二〇一一年八月，惠普停止開發 Palm WebOS 系統，並開始爲 Palm 尋找買家。這時，臉書來敲門了，但它沒有想到，惠普的報價竟然還是一年前的十二億美元。Palm 的價值降了，但惠普的期望值沒有降。照這樣的心態，惠普永遠也無法將 Palm 賣出去。事實上，惠普也曾經與亞馬遜、三星、英特爾等公司談判 Palm 的出售事宜，但均告失敗。

隨著時間的流逝，Palm 基本上一文不值了。而惠普當年在和臉書談判時，如果願意降價賣出，Palm 也許還能爲其帶來五億美元左右的收入。這是一個典型的沉沒成本錯誤。但願高達十二億美元的失敗能夠讓惠普記住沉沒成本的教訓。

從四百六十億到四十八億的雅虎

儘管代價高達十二億美元，但惠普並不是最慘的。

二〇一六年七月二十五日，美國電信巨頭威訊通訊宣布以四十八・三億美元的價格收購雅虎的網路資產。作爲全球入口網站的「鼻祖」，雅虎最後竟以四十八・三億美元的低價賤賣，讓人不勝唏噓。

一九九四年，楊致遠和大衛．費羅在美國創立了世界上第一個入口網站——雅虎。雅虎的成功，也啓發了中國的三大入口網站：新浪、搜狐和網易。甚至，張朝陽創立搜狐之初，用的域名還是 sohoo.com.cn，與 yahoo.com 非常相似。

一九九六年四月十二日，雅虎正式在華爾街上市，楊致遠和戴維．費羅成爲萬眾矚目的數位英雄。在二十一世紀初的鼎盛時期，雅虎市值曾經高達一萬兩千五百億美元，是第一個市值超過千億的科技公司。

從一萬兩千五百億跌到四十八億，雅虎在二十一世紀的十幾年間確實發展不順，犯過許多錯誤，包括二〇〇二年不願意以十億美元收購谷歌（現在谷歌市值已超過一萬五千億美元），二〇〇六年不願意以十一億美元收購臉書（現在臉書市值已超過九千億美元，當時雅虎的收購報價是十億美元）等等。

在雅虎犯過的諸多錯誤中，沉沒成本效應也發揮過作用。

二〇〇八年，雅虎拒絕了微軟開出的四百四十六億美元收購報價。當時的微軟執行長史蒂夫．鮑爾默努力想說服對方接受，但雅虎的董事會卻認定報價太低。

爲什麼雅虎的董事會拒絕微軟以四百四十六億美元收購？再一次，沉沒成本效應的影子清晰可見。由於心裡對曾經高達一千兩百五十億美元的市值念念不忘，董事會認爲，如果以四百四十六億美元的價格被微軟收購，顯然不划算。正是這樣的心態，蒙蔽了董事會的眼睛。然而，他們沒有想到的是，如果雅虎的業績沒有起色，雅虎只會隨著時間不斷貶值。

隨著雅虎市值不斷下跌，董事會終於接受了現實，於二〇一六年七月二十五日，以四十八．三億美元的價格將雅虎的核心網路資產「割肉」賣給威訊通訊。這時候，或許微軟正在暗暗開心，幸虧雅虎當年拒絕了四百四十六億美元的收購報價，不然微軟恐怕要當冤大頭了！（不過，微軟後來還是在諾基亞的收購案上當了冤大頭。）

沉沒成本對研發決策的影響

沉沒成本不僅會導致企業在出售資產，或者面對收購條件時做出不理性行爲，還會影響企業的研發決策。

我曾經在清華大學的企業高階主管班上給學員們做過一個實驗。在實驗中，我把學員們隨機分成兩組，第一組學員閱讀這樣一段場景：

假想你是一家製藥公司的總裁，你計畫投入一千萬人民幣在一個新藥的研發案上。現在，你已經投入了九百萬，只需再投入一百萬，就能研發出新藥。然而，這時你的競爭對手宣布已經開發出類似的藥，而且效果更好，成本更低，也開始規畫行銷，進行推廣。從各方面來看，競爭對手的產品都優於你的研發。請問，你是否還要繼續投入最後的一百萬，以完成新藥？

A：是，繼續投入最後的一百萬，完成新藥的研發。

B：否，不再投入最後的一百萬，取消新藥的研發。

結果，絕大多數（九〇％）的參與者選擇了A「繼續投入最後的一百萬，完成新藥的研發」。

第二組的學員則閱讀一段稍微不同的場景：

假想你是一家製藥公司的總裁，你計畫投入一百萬人民幣在一個新藥的研發案上。現在，這個研發案尚未開始，然而，你的競爭對手宣布已經開發出類似的藥，而且效果更好，成本更低，也開始規畫行銷，進行推廣。從各方面來看，競爭對手的產品都優於你計畫研發的產品。請問，你是否要投入這一百萬，以研發出新藥？

A：是，投入一百萬，完成新藥的研發。

B：否，不投入一百萬，取消新藥的研發。

這時，絕大多數（八五％）的參與者選擇了B「不投入一百萬，取消新藥的研發」。

第一個場景和第二段場景非常類似，都是「是否要投入一百萬以研發出新藥」，爲什麼結果卻如此天差地別？

細心的你可能已經注意到，在第一個場景中，你的公司已經投入九百萬，只需再投入一百萬，就可以研發出新藥。而在第二個場景中，你的公司尚未投入任何錢，而是投入一百萬，就可以研發出新藥。

造成這兩個場景結果迥然不同的，正是因爲在第一個場景中，你考慮了已經投入的九百萬，也就是你的沉沒成本。如果選擇不再投入最後的一百萬元，取消研發，你是否覺得完全浪費了之前投入的九百萬？這無疑是立即承認自己失敗。而繼續投入最後的一百萬，你就可以完成新藥，但你也知道，由於競爭對手已經研發出了更有效、更經濟的新藥，即使自己研發出來，這個投入一千萬的研發案很可能不會帶來任何收益。

由此可見，沉沒成本效應確實會嚴重影響企業的研發決策，這種考慮沉沒成本的非理性決策，會給企業帶來更大的損失。

同樣地，政府的投資決策，也經常受到沉沒成本效應的影響。由於政府投資的規模巨大，沉沒成本效應的影響往往也更大。

協和超音速飛機

一九五六年，英國與法國合作，開始研製協和超音速飛機。這個案子的複雜程度和技術水準，使它成爲英、法歷史上耗費空前的工程之一。當時有人質疑，這種超音速大飛機造價太高，即使研製成功，也未必會有商業前景。在研發的過程中，作爲投資方的英、法兩國政府也都曾試圖叫停，但最後還是磕磕絆絆地堅持下來了。

爲了證明開發協和超音速飛機的決定是正確的，英國財政部曾列舉了一系列的理由：保持航空技術水準、提供就業機會、打開歐洲市場的大門，甚至提到了愛國主義（英國在二戰中是飛行強國）。

不過，一件讓人費解的事情是，既然英、法兩國政府都體認到協和超音速飛機沒有商業前景，爲什麼每一次打算停止這個案子時，最後都不了了之？

根據當事人回憶，在研發的過程中，英國曾經向法國提出終止這項計畫，法國人一聽，說：「那好啊，我們告你們違約，違約金是三十億英鎊，現在拿來吧！」英國人幾經斟酌，發現這個代價太大，自己已經沒有選擇，只能繼續這項計畫。自此之後，英國的歷任政府在這個投資案上再沒有任何爭論，基本上是要多少批多少，因爲沒有人願意對巨額的沉沒成本承擔責任。

然而，到了二〇〇〇年，協和超音速飛機終於還是走向了末路。二〇〇〇年七月，一架航班編號爲四五九〇的協和超音速飛機在巴黎戴高樂機場起飛後墜毀，機上人員無一生還，並造成四名地勤人員喪生。這事件成爲協和超音速飛機沒落的導火線。在事故發生之後，運作協和超音速航班的法航和英航都宣布停飛。雖然每天都在承受損失，但英、法兩國仍花了數個月的時間調查事故原因，試圖讓協和超音速飛機重回藍天。

不幸的是，二〇〇一年九月，美國九一一事件之後，全球航空業都陷入了不景氣，協和超音速飛機復飛無望，最終，英、法兩國不得不放棄對協和超音速飛機的繼續投入。

協和超音速飛機是一個歷時四十五年的浩大工程。根據保守估計，英、法兩國在這個案子上投入了約一百五十億美元。作爲投資方，英、法兩國如此頑強地堅持，究竟是一種熱情、一種偏執，還是一種無奈呢？

也許，我們不能只從結果來判斷協和超音速飛機的功與過；也許，如果沒有飛機失事和九一一事件這些偶然因素的作用，協和超音速飛機仍會繼續存在。但是，如果沒有沉沒成本的影響，協和超音速飛機的投資「雪球」絕不會滾到像今天這麼大。英、法兩國也可以根據市場的反應，更加及時並理性調整投資的規模。

從本質上說，讓英、法兩國無法終止投資的沉沒成本，已經不僅僅是經濟方面的問題，而是感情和面子的事了。就像英國財政部前部長所說，要承認自己一直堅持了幾十年的事情是個錯誤，對向來驕傲的英國人來說，簡直是不可能的。

上海磁懸浮

其實，沉沒成本之謬，又何止投入了一百五十億美元的協和超音速飛機？二○○二年十二月三十一日，上海推出了中國第一條磁懸浮線路，人們終於可以體會到每小時四百三十公里極速奔馳的感覺。

這條由上海浦東國際機場到龍陽路的磁懸浮線路，曾經是上海人，乃至所有中國人的驕傲，因爲它是全世界第一條，也是唯一一條商業化營運的磁懸浮線路，由上海市政府和德國磁懸浮列車公司合作建設，全長三十三公里，全程最快只要八分鐘。

但是這條空前快捷的交通線，造價成本也是空前的，建設投資就高達約一百億人民幣。因此，上海磁懸浮的票價也不菲，開通時的票價高達單程七十五人民幣。由於距離太短，票價太貴，上海磁懸浮經營慘淡，每天客流量僅兩千到三千人。以此計算，上海磁懸浮每年的收入僅一億左右，而利息費用、營運成本和維修成本每年都高達幾億。因此，上海磁懸浮每年都虧損幾億，更不用說何時能償還一百億的投資了。

可是，如果就此放棄上海磁懸浮，投入的一百億不就浪費了嗎？也許是爲了扭轉上海磁懸浮商業營運的失敗，上海市政府曾經提出要追加投資，將磁懸浮線路延長到一百七十五公里外的杭州。這個案子如果建設，需要再投資大約三百五十億。

把磁懸浮延長到杭州，眞的可以扭轉上海磁懸浮的虧損嗎？答案不言自明。目前世界上尚沒有一條成功商業化營運的磁懸浮線路。上海磁懸浮的一百億元投資都已經無法收回，延伸到杭州後，很可能的結果是新投入的三百五十億也無法收回，虧損只會更大。

那麼，上海市政府爲什麼又希望將磁懸浮延長到杭州呢？因爲延長到杭州後，也許就可以轉虧爲盈，即使這個「也許」的可能性非常小。誰都不希望上海磁懸浮一百億的投資就這樣打了水漂，但是要再投入三百五十億來挽救原先的一百億，而且成功的可能性非常小，這就是典型的沉沒成本之謬了。

正是沉沒成本效應使然，上海市政府積極推進磁懸浮。二〇〇六年三月，國務院批准了滬杭磁懸浮新型交通建設項目建議書。二〇〇七年十二月二十九日，上海城市規畫網站公告了滬杭磁懸浮上海段規畫線路。

這項公告引發了極大的社會爭議。滬杭磁懸浮規畫線路與居民區的設計間隔距離僅二十二．五公尺，遠遠少於《上海市城市規畫管理技術規定》要求的兩百五十公尺。由於擔心磁懸浮帶來的輻射，大量規畫線路沿線居民在大樓外懸掛標語，透過各種方式表達反對意見。二〇〇八年一月十二日至十三日，因爲逾千名居民集體抵制，案子一度擱淺。然而，民間的反應並不能停住滬杭磁懸浮推進的腳步。二〇一〇年三月十四日，滬杭磁懸浮獲得批准，並把總長度延長到一百九十九．四公里。

社會各界再次紛紛質疑滬杭磁懸浮的必要性，當時，一篇〈滬杭爲縮短十分鐘，投資數百億再建磁懸浮〉的網路文章引起強烈迴響：爲了比滬杭城際高鐵節省十分鐘，有建磁懸浮的必要嗎？事實上，如果建滬杭磁懸浮，不僅幾百億的投資無法收回，還會導致滬杭高鐵因載客量減少而虧損。

原來，預計就在半年之後，滬杭城際高鐵即將開通（實際開通日期爲二〇一〇年十月二十六日）。滬杭城際高鐵採用輪軌高速鐵路技術，設計時速爲每小時三百五十公里，全程時間三十八分鐘。與滬杭城際高鐵相比，滬杭磁懸浮只能節省十分鐘的時間，卻還需要投資幾百億，而且無法和全國的高鐵系統相容。

後來，正是這條滬杭城際高鐵的完成，以及民間對滬杭磁懸浮的大量爭議，導致規畫中的滬杭磁懸浮線路最終不了了之，決策者也終於沒有再犯沉沒成本之謬了。

紐澤西的新隧道

美國的紐澤西州與紐約一河之隔。由於地理位置接近紐約，房價卻遠低於紐約，因此很多人選擇在紐約上班，住在紐澤西。然而，橫亙在紐約和紐澤西之間的哈德遜河為交通帶來了很大的不便，僅有的兩條隧道（荷蘭隧道和林肯隧道）總是堵得水洩不通。

正因如此，紐澤西州一直計畫修建一條連通紐澤西和紐約的新隧道。早在二十多年前便開始規畫，並於二〇〇九年正式破土動工。按照規畫，這項工程將在二〇一八年完工，屆時，進出紐約城的列車將翻倍，可解決高峰時段運力不足的問題。

二〇一〇年十月，紐澤西州長克里斯蒂宣布停止投資正在興建的隧道，引起媒體一片嘩然。這項工程已經開工，州財政為其安排了三十億美元專案資金，美國聯邦政府也安排了三十億美元工程資金，資金規模超過美國之前任何一個運輸專案。

然而，調整過後的預算顯示，原先預計的五十億至六十億美元並不夠完成隧道建設，成本要追加到一百二十億至一百四十億美元。這個數字遠遠超過了紐澤西州公共財政的承受力。

對克里斯蒂州長來說，這個問題帶來了巨大的壓力。如果繼續追加投資，會花掉無數納稅人的錢；但如果停止這個案子，不僅要失去美國聯邦政府已經安排的三十億美元的工程資金，還要償還聯邦政府已投資的六億美元。而且，如果停止這個案子，就意味著州長向公眾承認自己犯下了紐澤西州歷史上最大的政策判斷失誤。

克里斯蒂州長還有一個選擇：他可以保留這個正在興建的案子，同時減少投資，把繼續投資的負擔轉移到下一屆政府，這樣他就不需要承擔責任了。然而他並沒有這樣做，而是選擇承認失誤，取消建設計畫。

面對媒體的詢問時，克里斯蒂州長回答道：「原先我是支持這項工程的。然而，在發現成本遠遠超過紐澤西州納稅人可承受的程度之後，叫停它是唯一且慎重的決定。」

我們都知道，**堅持做一件事不容易，但有時候放棄更難，需要一份能夠接受失敗的決心和坦誠，也需要很大的勇氣**。面對沉沒成本的結果可能很痛苦，但在這種陣痛之後，卻會爲我們帶來更多的機會和希望。

蘋果公司的「牛頓」

一九九二年五月，當時的蘋果執行長約翰·史考利發布了一款掌上型電腦，取名為「牛頓」。

說起史考利，他就是那位大名鼎鼎、把賈伯斯趕出蘋果公司的人。一九八三年，賈伯斯為了讓當時的百事可樂總裁史考利加入蘋果，說出了那句名言，極具煽動性的話語，至今仍為人津津樂道——「你是想賣一輩子糖水，還是跟著我們改變世界？」然而，一九八五年春天，史考利與整個公司的董事會卻決定將賈伯斯趕出蘋果。

二〇一五年下半年，史考利到中國訪問並在清華大學演講。見到他時，我開玩笑問：「人們都想知道您當年為什麼把賈伯斯趕出蘋果？」史考利無奈地笑著說：「那其實是董事會的決策。但當時全世界的人都以為是我趕走了賈伯斯。」命運有時候確實會開玩笑，一九九三年，史考利也被董事會趕出了蘋果。

史考利代表蘋果公司於一九九二年發表的「牛頓」，類似於今天的PDA，手掌般大小，約六百公克重，支援手寫輸入，可完成一些簡單的寫作、數據處理和日程安排，售價是七百美元。「牛頓」上市後，媒體和專業評論雜誌認爲這款掌上型電腦的使用者界面不夠友善，手寫輸入的識別能力也欠佳，實用價值有限，因此消費者對它逐漸失去了熱情。然而，蘋果公司卻堅持繼續研發這項產品，試圖改善它的外觀和平台，並在之後的五年，陸續推出了六個系列。

但是，無論是在北美，還是在國際市場，「牛頓」的表現一直不盡如人意。然而問題是，蘋果公司已經爲了研發「牛頓」投入大量的時間和資金，是繼續不計成本地研發這款產品，還是選擇新的發展方向？

一九九八年二月，在蘋果公司持續開發這款產品十一年之後，臨危受命回到蘋果公司的賈伯斯宣布，終止對「牛頓」的研發。賈伯斯認爲，並不是公司不夠努力，而是市場一再地表明，「牛頓」確實是一款有諸多缺陷的產品。

蘋果在「牛頓」上累計花費了十億美元。有人說，蘋果在如此巨額的投入之後，居然沒有獲得回報，實在是虧大了。但是對賈伯斯來說，如果因爲過去的投入而導致公司止步不前，錯過發展的機會，那才是最大的損失。

在賈伯斯終止「牛頓」計畫兩年之後，iPod 問世了，隨後 iPhone、iPad 相繼問世，蘋果專賣店開始在全世界遍地開花。

試想，如果賈伯斯沒有果斷地終止對「牛頓」的研發，繼續把財力和物力投入在一個不見起色的產品上，我們今天還會看到iPhone和iPad嗎？

更重要的是，蘋果在對iPod、iPhone等系列產品的研發中，吸取了當年「牛頓」的經驗和教訓。正因爲有這些教訓，新一代的產品設計才更趨完美，性能也更加優越。因此，終止「牛頓」並不能說是一種浪費，而是對沉沒成本的正確處理，不但避免了更大的支出和失敗，還醞釀了新的成功。

在企業的發展史中，曾有企業因無法正確面對沉沒成本而走向虧損，甚至破產（例如著名的摩托羅拉「銥星」計畫），也曾有企業因正確處理沉沒成本而受益（例如蘋果公司終止「牛頓」）。這些經驗和教訓告訴我們，正確處理沉沒成本需要一種「新」的心態，把關注的焦點從過去轉移到當前和未來。

好市多爲什麼總是人滿爲患？

任何事物都有兩面性，沉沒成本效應也並非一無是處。在深入了解沉沒成本效應之後，企業也可以巧妙利用它來「黏」住顧客。

在美國零售業中，好市多排名第二，僅次於沃爾瑪。雖然好市多沒有沃爾瑪大，但好市多卻是最令沃爾瑪害怕的競爭對手，因爲它的增長率和顧客滿意度都遠超過沃爾瑪。

關於好市多，投資大師華倫．巴菲特講過這樣的笑話：

有一次，恐怖分子劫持了巴菲特和他的黃金搭檔查理．蒙格的專機。

恐怖分子：「你們在死之前，各自都可以提出一個要求。」

蒙格：「我能不能再講一次好市多的好處？」

巴菲特：「蒙格，你能不能不要再講好市多？我聽得實在是太多了！」

從這個玩笑我們就可以看出，像蒙格這樣的投資天才居然對好市多如此著迷，那一定是因爲好市多非常優秀。事實上，不僅僅是投資天才如巴菲特和蒙格對好市多非常喜歡，中國優秀的企業家，如小米公司創辦人雷軍，也經常在各地的演講中提到好市多這樣一家美國零售業對他創立小米的重大啓發。

那麼，好市多成功的祕密是什麼呢？作爲一家收會員費的倉儲式超市，爲什麼好市多總是人滿爲患？

好市多成功的主要祕密其實很簡單，也就是我們經常說的物美價廉。好市多與沃爾瑪的商品價格類似，都是低價，但是品質卻更好。沃爾瑪的商品品質一般，較大眾化；而好市多則對商品精挑細選，每種商品並不會提供太多選擇，但是它提供的那兩、三個選擇都是品質非常好的。優質又低價，顧客當然會非常喜歡好市多。

那麼問題來了，好市多靠什麼賺錢呢？

好市多獨特的商業模式在於，它並不是靠高定價來賺錢，主要是靠薄利多銷和會員費。所有希望到好市多購物的消費者每年需要繳六十美元的會員費。當繳了年費，成爲會員之後，消費者的心理就非常有意思了：如果繳了會員費卻又不常去好市多購物的話，消費者就會覺得自己虧了。（神奇的沉沒成本效應，是不是？）如果經常去好市多購物，消費者就會覺得這六十美元會員費實在繳得太值得了，因爲只要多買一些優質又低價的商品就賺回來了。

好市多正是巧妙地利用了沉沒成本效應這個消費者心理特點。同時，因爲它的商品品質非常好，價格又非常低，因此六十美元的會員費在大多數消費者心裡並不是太大的費用。靠這樣的策略，好市多吸引了很多消費者來大量購買，甚至是過量購買，因爲消費者都希望能夠把六十美元的會員費花到極致。

所以，好市多成功的祕密非常簡單，主要就是以下這三個策略：

一、優質

二、低價

三、透過至高無上的顧客服務，提升顧客滿意度

面對這樣的好市多，顧客還能拒絕嗎？反映在財務數字上，好市多一半利潤來自會員費收入：二〇二〇年，好市多營收高達一千六百三十億美元，其中會員費收入三十五億，貨物銷售利潤三十六億，兩者大致相等。這說明好市多基本上沒有透過貨物銷售獲得高額利潤。

好市多限定了自己貨物銷售的利潤上限，因爲價格一旦變高，就會影響顧客滿意度。在顧客續約問題上，每年好市多的會員續約率是九〇%，也就是說，對好市多滿意的顧客高達九〇%。這樣的滿意度是大多數企業所不能比擬的。

我在美國留學和工作的八年期間，一直都是好市多的忠實會員。甚至在回國之

後，偶爾去美國出差時，我還是喜歡去好市多買一些保健品。然而，由於我的會員卡早就過期，只好重新花六十美元續約。進了好市多之後，我心裡就一直想，我現在人在中國，沒辦法經常來好市多，這張會員卡花了我六十美元，我一定要賺回來。結果可想而知，我買了滿滿一箱幾十瓶的維他命、鈣片、魚油、維骨力等各種保健品。與外面的零售超市相比，每瓶保健品在好市多的價格至少低幾美元，我確實是「賺」回來了！

回到中國，在清華大學任教後不久，學校工會爲大家免費辦了學校附近的麥德龍倉儲式超市的會員卡。然而，也許就是因爲免費，那張會員卡到現在還躺在我辦公室的抽屜裡。多年來我從來沒有去過麥德龍超市，而是去更近的校內超市。

這很讓人費解，按理說，不收會員費，不是應該比收會員費更受歡迎嗎？

那些收會員費的超市，就是巧妙地利用了人們的沉沒成本心理：繳了會員費的顧客會希望藉由消費，把這筆錢賺回來，因此他們更加頻繁地購物，每次也買得更多。超市不僅得到了會員費的利潤，還從增加的銷售中多賺了一筆。相比之下，那些同樣實惠卻不收會員費的超市就顯得吃虧了。正是沉沒成本效應，爲商家創造了更多獲利的機會。

沉沒成本效應爲商家帶來了更多獲利的機會，這還可以應用在其他地方。比如，消費者去 Outlet 購物，購物量通常和路程、花費的時間成正比。因爲消費者會覺得好不容易來一趟，不多買點東西就虧了。除了節省租金成本，或許這也是 Outlet 大多設在郊區的另一個好處吧。

善用沉沒成本的益處

沉沒成本效應還揭示了人類行爲有趣的一面：**要讓人去做一件事，最好的辦法不是送他免費的東西，而是讓他付出金錢或努力**。

如果這件事情本身對人們是有好處的，那麼，從這層意義上來說，沉沒成本效應對人們也是有益處的，而不僅僅是企業可以利用它來吸引顧客。健身房的會員卡就是這樣一個例子。

我剛到清華大學任教的時候，一位金融系的同事送我一張健身卡，是他在學校門口的健身房辦年卡時獲贈的三十次免費健身卡。按照當時的門市價，每次一百人民幣計算，那張卡價值三千元。雖然我知道自己應該多運動，但卻除了第一次同事邀我一起去之外，便再也沒去過。事實上，我還是想去健身，卻總是因爲工作繁忙或臨時偷懶而沒去。

一年之後，那張價值三千元的免費健身卡就在我手裡作廢了。

爲什麼免費得到的健身卡我就不珍惜呢？因爲這裡沒有沉沒成本效應。如果那張健身卡是我自己花三千元買的，結果就會很不一樣。至少在剛繳完年費的頭幾個月裡，我會去得比較頻繁，不然怎麼對得起我自掏腰包的三千元？由此可見，沉沒成本效應也有好處，至少可以讓人們更加頻繁地去健身房，讓身體更健康。

健身如此，學習又何嘗不是？在今天的網路時代，各種免費講座、免費文章眾多，但是大多數你卻不願意花時間去聽或讀。或者，提前好幾天報名週末某個你感興趣的免費講座之後，到了當天，你卻只想待在家裡休息，而不願意花一個小時的車程去參加講座。這樣的例子不勝其數，爲什麼？

原因很簡單，要想積極健身或學習，都需要自我控制並付出努力，這不是件容易的事。而沉沒成本效應正好可以加強人們自我控制，因爲我們都捨不得浪費錢。從這層意義上來說，我們應該感謝沉沒成本效應，因爲它的存在，讓我們更有可能積極健身和學習，讓自己更健康、更優秀！

沉沒成本效應會遞減

沉沒成本效應對人的影響並不是牢不可破的。如果你注意觀察，就會發現，它的影響力會隨著時間的推移而遞減。

在前面健身房的例子裡，你可能會發現，那些剛繳完年費的會員在第一個月會去得特別積極。可是再過幾個月，他們就來得少了，慢慢地幾乎不見了蹤影。這是因爲沉沒成本效應在一開始會特別明顯，但影響力會隨著時間的流逝而逐漸衰減，直至消失。

從本質上說，因沉沒成本而產生的動力，並不是眞正的熱情。如果一個人眞的喜愛健身，他會覺得健身是一件快樂的事情，即使沒有沉沒成本，他也會積極安排時間去健身。

然而，如果一個人是在沉沒成本的推動之下才來到健身房，他的快樂就沒這麼單純了，更多的是在面對一件自己「應該」做，而不是「想」做的事情。

「應該」做和「想」做，這也是消費者行爲學理論中的一對最根本的矛盾。兩者的區別就在於，前者會隨著時間而遞減，後者則會在每一次的行動中得到加強。那些喜愛健身的會員，看重的是每次去健身帶給他們的快樂，所以他們去健身的頻率會保持穩定。而那些因爲沉沒成本才來健身的會員，由於缺乏眞正的熱情，他們來的次數會越來越少，因爲沉沒成本效應會隨著時間而遞減。

一次付清還是分期付款？

還記得本章開頭冒雨去看NBA的例子嗎？在明白了沉沒成本效應會隨著時間而遞減的規律之後，我們把這個問題的討論再推進一步。

假設你在一個月前花八百人民幣買了一張國家大劇院的演出票，你的朋友在昨天（演出的前一天）花八百元買了同樣的演出票。到了準備出發看演出時，天公不作美，居然下起傾盆大雨。這時，你是願意冒著暴雨去看演出，還是放棄八百元的演出票而留在家裡呢？

A：冒雨去看演出

B：不去看演出了

你和你的朋友（假定你們的財力、對演出的興趣是一樣的），誰更有可能冒雨去看演出呢？

按照沉沒成本效應遞減的道理，在買票一個月之後，你對買票所帶來的沉沒成本的敏感度已逐漸降低。而你的朋友，因爲是前一天買的票，對沉沒成本的敏感度會比你高。隨著沉沒成本的衰減，人們的消費興趣也會衰退。因此，一個月前花八百元買票的你，會比較沒興趣冒雨去看演出，而昨天剛花了八百元元買票的朋友，會因爲心疼「新鮮的」沉沒成本，更有可能冒雨去看演出。

我的一位好朋友，多倫多大學商學院的迪利普・索曼（Dilip Soman）教授曾經和哈佛大學商學院的約翰・顧維爾（John Gourville）教授做過一系列類似的實驗，發現越是早早爲商品付了錢的人，對於商品的消費興趣就越低。而延期付款的顧客則會更積極地使用他們購買的商品，不論是一部電腦，還是一張健身房會員卡或一門課程。

這個發現對企業來說有什麼啓示呢？這意味著企業可以透過改變付款方式來影響消費者對商品的興趣和使用頻率。

再以健身房爲例，如果健身房允許會員按月付費，會員每個月上健身房的次數，會比按年付費的會員顯著增加。這樣不僅對會員有好處，長期來看，對健身房也有好處。

雖然月費不能像年費那樣迅速回收成本，有些月費會員還可能中途退出，但總體來說，繳月費的會員會比繳年費的會員更積極上健身房。這樣，到第二年續約的時候，誰更有可能續約呢？當然是那些經常上健身房的月費會員。因此，允許會員按月付費，不僅有利於提高會員上健身房的頻率，也有利於提高會員的續約率，從而提高健身房的長期收益。如果健身房缺乏人氣，也會影響新會員加入的意願，畢竟，誰希望到一家冷冷清清的健身房運動呢？

反之，如果一家健身房正面臨人滿爲患的困境，它可以延長會員繳費的週期，比如從一年期，延長到兩年、三年付一次會費，並給予一定的優惠，這樣就可以減少一部分會員使用健身房，避免人滿爲患。

再比如，你現在要賣一輛各方面性能都很不錯的車子，你是應該鼓勵顧客一次付清，還是分期付款呢？即使顧客有能力一次付清，爲了增加他們使用車子的頻率，在使用過程中感受它的物有所值，你應該鼓勵顧客分期付款。

相反，如果這輛車各方面都很一般，你就應該鼓勵顧客一次付清。因爲多次付款會增加顧客對支付行爲的敏感度，而他們頻繁使用車子的時候又感受不到它的價值，下次就不願意再跟你買車了。由此可見，**顧客對產品的滿意度，不僅取決於產品的品質和服務，也取決於他們的付款方式**。

結語

「沉沒成本」似乎總有辦法讓我們留在過去，但正如新年的鐘聲終會敲響，未來總會來臨。當我們在新年的一早推開窗戶，聞到窗外新鮮空氣的那一刹那，內心還是會感到油然而生的喜悅，因爲從這一天開始，一切又都是新的了。還有什麼比一個「新」的你、比一份煥然一新的心態更重要的呢？

因此，請你鼓起勇氣，告別沉沒成本的束縛，享受新的開始爲你帶來的自由吧。就像小說《亂世佳人》的結尾，女主角郝思嘉對自己所說的：「畢竟，明天是新的一天。」

第五章

損失規避

敢不敢冒險，會不會說話

七〇%瘦肉和三〇%肥肉有什麼不同？
激進型和保守型的總統，哪個更受歡迎？
為什麼漲價讓消費者難以接受，縮小包裝卻可以？

「損失規避」告訴我們，人們對「損失」的敏感，遠遠超過對「收益」的渴望。但損失和收益的標準也並非一成不變。由於不同的表達方式或主觀感受，人們的選擇也會出現明顯的變化。

朝三暮四還是朝四暮三？

《莊子．齊物論》中有這麼一則故事：

有個人養了很多猴子，很寵愛牠們，每天餵牠們八顆棗子，早晚各四顆。後來，這個人遇到經濟危機，沒這麼多棗子可以餵了。他和猴子們商量：早上給你們三顆，晚上給你們四顆，怎麼樣？猴子們生氣得跳起來。於是，他又向猴子們提議：那麼早上四顆，晚上三顆，可以嗎？這下猴子們高興了，都聽話地趴在地上。

這就是我們熟悉的「朝三暮四」的故事。我們用「朝三暮四」來形容一個人反覆無常，但是在這個故事裡，作者並不是這個意思。莊子的「齊物」，言下之意是要說明萬事萬物共通的道理。他寫的雖是猴子，卻是借猴子來諷喻人。天下萬物儘管外表有別，但在普遍的規律面前卻是一樣的。

那麼，這個故事向我們揭示什麼樣的規律呢？

那就是：**選擇的表達方式可以直接影響選擇的結果**。

這樣的規律也許讓人費解。換作我們，一眼就可以看出猴子們的愚蠢，不論是朝三暮四還是朝四暮三，每天一樣是七顆棗子，有什麼不同呢？或許我們永遠不會明白猴子們爲什麼更喜歡朝四暮三，但這並不要緊，順著這個故事，我們把選擇的情境再擴大一些，把問題再複雜化一些，看看在以下情境下，人們會怎麼選擇：

〈情境一〉

你剛剛得到了一百元。現在，你要在下面兩者中選一個：

A、得到五十元。

B、有五〇％的可能性得到一百元，也有五〇％的可能性什麼都得不到。

這時，你會怎麼選擇？

在這種情況下，你是否更有可能選擇A，即得到五十元呢？因爲選擇A不需要承擔風險，這五十元是一定能得到的。相反，如果你選擇碰運氣的話，有五〇％的可能性你會損失掉本來一定可以得到的五十元。

再來看另一個決策情境：

〈情境二〉

你剛剛得到了兩百元。現在，你要在下面兩者中選一個：

A、失去五十元。

B、有五〇%的可能性失去一百元，也有五〇%的可能性沒有任何損失。

在這種情況下，你還會選擇A，即一定失去五十元嗎？相比之下，B是否看起來更有吸引力？因爲你有五〇%的機會能夠避免任何損失。爲了避免損失，爲什麼不給自己一個機會？

如果你是這樣考慮的，那麼你和大多數人是一樣的。實驗數據表明，在情境一中，有八四%的人選擇A；而在情境二中，有六九%的人選擇B。

然而，如果現在認眞比較一下情境一和情境二，你會發現有點不對勁。如果把情境一和情境二連起來考慮，它們其實是一樣的。在這兩個情境中，選擇A的結果都是最終得到一百五十元，選擇B的結果都是五〇%的可能性得到一百元，五〇%的可能性得到兩百元。

假設我們是憑藉著理性來選擇的，那麼理性應該讓我們做出同樣的選擇。也就是說，在這兩種本質相同的情況下，人們的選擇應該是一致的。然而，面對兩種不同的表達方式，人們的選擇爲什麼會出現這樣明顯的變化呢？是因爲兩種情境的表達方式不同嗎？

如果眞是如此，這就爲我們的日常判斷和決策提出了一個有趣的問題。也許，我們也會在不知不覺中，扮演著和猴子們一樣的角色。莊子在故事中不過是用最簡單的方式揭示某些選擇的荒謬，他想告訴我們，當問題變得更加複雜、更加隱蔽時，我們或許和猴子一樣，也會犯同樣的錯誤。

損失規避

心理學家和行爲經濟學家關注這種現象已經有很長的時間。他們發現，在上述的例子裡，當表達側重於「收益」的時候（情境一），人們傾向於減少風險，選擇盡可能穩妥的收益；相反，當表達側重於「損失」的時候（情境二），人們冒險的傾向則會增強。

也就是說，人們面對「收益」和「損失」的風險承受能力是不對稱的。人們會為了避免損失而承受更多的風險（更喜歡「賭一把」），但面對相同分量的收益，很少有人會鼓起勇氣去承受風險（更喜歡確定的收益）。而且，人們對損失的敏感，遠遠超過對收益的渴望。

一九七九年，美國普林斯頓大學心理學家丹尼爾・康納曼教授和史丹佛大學心理學家阿莫斯・特沃斯基教授最早研究了這個稱為「損失規避」的現象，並提出著名的「展望理論」來解釋人在不確定性下的決策和行為。因其在心理學和行為經濟學上的重大發現，康納曼教授在二〇〇二年榮獲諾貝爾經濟學獎。令人遺憾的是，特沃斯基教授在一九九六年去世，未能分享殊榮。

損失規避的現象在生活中非常普遍，但這並不意味著損失規避真的可以幫助人們避免損失。相反，一個人越是傾向於規避損失，遭受的損失可能越大。以股票投資為例，康納曼教授和特沃斯基教授發現，當投資者購買的股票價格上漲時，要他把股票賣出是很容易的；相反，當股票價格下跌時，多數的投資者都不願意「割肉」賣股票。

從損失規避的原則來思考，這很容易理解。因為賣出股票就意味著損失，而大多數人都不願意面對損失，於是他們選擇繼續冒險，指望著股價還會回升。這就是康納曼教授和特沃斯基教授所提出的：「人們保留『績優股』的時間太短，保留『垃圾股』的時間太長。」這種頗具普遍性且有悖於理性的投資行為，無疑讓很多投資人失去了獲得更多收益（或者減少損失）的機會。然而，他們在做出選擇的時候，卻都覺得這是在保護自己的利益。

商業上，很多產業都利用人們對損失的規避心理，創造獲利機會。比如保險業，它的成功，在於讓人們看到這個世界的動蕩不安、充滿混亂和災難。這也許並不符合我們對自己周圍環境的認識，但不幸的是，我們對於「損失」這個字眼總是更為敏感。

同樣的，還有化妝品產業，它利用青春和美的流逝帶給女人的失落感。即使你在鏡子裡並沒有看到皺紋出現，它也會讓你相信，如果沒有那瓶昂貴的抗皺面霜，你就不會光彩照人。至於製藥和保健品產業，則是建立在人們對於各種疾病和亞健康狀態的恐懼上。

損失規避為保險、化妝品、製藥和保健品等產業帶來的商機有多大，從以下數字可見一斑：美國的保險公司每年花三十億美元用於廣告促銷；在中國，化妝品產業每年投入的廣告宣傳費用大約是三百五十億人民幣，而製藥公司在廣告上的花費，甚至超過了它們在藥品研發上的投入。

這些產業之所以在宣傳上花大筆的費用，並非沒有依據。正是對損失的敏感和規避損失的迫切需要，使得消費者熱中於追捧並購買這些「預防損失」的產品。更重要的是，擁有這些產品，爲我們帶來一種穩定和安全感，讓我們在面對各種未知因素的時候不至於束手無策。

這種安全感對我們來說非常重要，甚至超過了這些產品實際能夠發揮的功能和作用。這些產業也由此發掘出損失規避的商業「潛規則」：讓顧客相信產品能做什麼，往往比產品實際能做到什麼更重要。

框架效應

關於損失規避，一個更有意思的問題是，**所謂「損失」和「收益」的衡量標準從來不是固定的**。**在適當的措辭和表達方式的影響下，人們意識中的「損失」可以變成「收益」，「收益」也可以變成「損失」**。

這給了企業和廣告商一個很重要的啓示：如果改變消費者對「損失」和「收益」的認識，就可以直接影響消費者的選擇。

試想一下，在上面股票交易的例子裡，如果你正打算賣出一檔獲利的股票，這時，你的投資顧問打電話來說，他得到可靠消息，這檔股票明天會繼續上漲二〇%。如果你信任投資顧問，當你得知這個消息後，多半不會馬上賣出。因爲相對於明天二〇%的漲幅，今天賣出就構成了一種「損失」。

同樣，如果投資顧問告訴你，你上個月買進的礦業股，因爲即將到來的政策調整，很可能下滑三〇%至五〇%。你本來打算保留這檔股票的心情，就會迅速變成拋售。因爲如果不盡快賣出，將會帶來更大的損失。眼前的這點虧損和更大的虧損相比，簡直算得上一種「收益」了。

因此，「損失」和「收益」的標準並非絕對而一成不變的，而是可以透過語言的表述或主觀的感受而發生變化。也就是說，人們的偏好和選擇完全可以透過人爲「建構」出來，這就是康納曼教授和特沃斯基教授所提出的「框架效應」。

康納曼教授和特沃斯基教授認爲，人們如何決策，很大程度上取決於他們如何去畫得與失之間的那條線。而外界的條件和表達方式，完全可以影響人們對得與失的認知。

比如你是一家超市的經理，超市賣的一款絞肉，瘦肉和肥肉的比例是七比三。你打算如何把這個比例告訴顧客？是告訴他們瘦肉的比例是七〇％，還是說肥肉的比例是三〇％？怎樣說才能讓商品更好賣呢？

雖然瘦肉七〇％和肥肉三〇％在本質上是一樣的，但如果說肥肉占三〇％，無疑就啓動了消費者的「損失」意識，規避損失的結果就是人們不願意買了。如果強調更正面的資訊，說瘦肉占七〇％，結果會好得多。

同樣，醫生在病人的面前採用不同的措辭，也可以收到不同的效果。比如一個病人需要動手術，在和病人溝通手術風險的時候，告訴病人手術的成功率是六五％，可能很多病人就決定接受手術了。但如果醫生告訴病人手術的失敗率是三五％，還會有那麼多人願意接受手術嗎？

在公共政策領域也可以見到這樣的例子。比如，曾經讓人擔憂的禽流感病毒，假設科學家開發出一種可預防禽流感病毒的疫苗，只是疫苗剛開發出來，還沒有正式投入市場。這時，對於新疫苗風險的表達方式，將大幅影響消費者的選擇，也會影響著新疫苗的命運。假設，現在禽流感又開始大流行，這時，你怎麼做？

〈情況一：收益型的表達〉

A、接種新疫苗。你有七五%的可能性安然無恙，並對病毒產生免疫。

B、採用保守的預防辦法。透過運動和飲食來增強抵抗力，但你有六〇%的可能性染上病毒，並有生命危險。

〈情況二：損失型的表達〉

A'、接種新疫苗。你有二五%的可能性會出現不良反應和併發症，嚴重者可能導致死亡。

B'、採用保守的預防辦法。透過運動和飲食來增強抵抗力，你有四〇%的可能性能夠躲過病毒的威脅。

在這兩種情況下，你會怎樣選擇呢？

實驗結果表明，在第一種情況下，大多數人會選擇A（接種新疫苗），因爲每個人都不想受到病毒的威脅，既然有七五%的可能性會成功，爲什麼不給自己一個機會呢？

而在第二種情況下，大多數人會選擇B'（不接種新疫苗），因爲二五%的失敗率實在讓人擔心，反而保守方法的成功率更高一些（四○%）。這種情況下，願意接種新疫苗的人就大大減少了。

如果把上述兩種情況連起來考慮，你會再次發現，A和A'其實是一樣的，B和B'也是一樣的。所以，雖然是同樣的事情，但是在不同表達方式的影響下，人們會做出截然相反的選擇。

二○二○年，新冠肺炎疫情在全球大流行，超過一億人受到感染，三百萬人死亡。爲了對抗疫情，二○二一年，各國紛紛推行疫苗接種。然而，很多國家都面臨接種率不高的問題。如何讓人們更加願意接種疫苗，政府和公共衛生部門或許可以思考和應用「框架效應」。

總統選舉中的框架效應

「框架效應」的應用無所不在，包括總統選舉這樣的大事。那些在選舉中獲勝的候選人，往往都善於利用框架效應，讓形勢對自己有利，以爭取到更多的選票。

在美國，利用框架效應等科學規律來影響和預測選票，已成爲一門普遍應用並高度商業化的產業。每當四年一度的競選季節到來，各家民意調查公司、競選顧問、媒體顧問和公關公司便選擇性地「抱團」，形成一個錯綜複雜又保持默契的利益關係網。這使得美國總統選舉成了少數人掌控的金錢和智力遊戲，而手中握著選票的選民卻被「架空」，成了這場遊戲的觀眾。但無論它究竟是一場表演還是一場戰鬥，無論選民們究竟是主人還是觀眾，一場熱熱鬧鬧的總統選舉至少可以爲我們深入理解框架效應，提供最眞實的素材和機會。

爲了分析選舉中的框架效應，我們不妨先做一個有關選舉的遊戲。

遊戲引用的數據來自特沃斯基教授和他的同事喬治·奎特朗（George Quattrone）教授合著的論文《政治選擇的理性與心

表 5.1　兩名候選人當選後的國民人均年收入預測

	候選人 A	候選人 B
預測 1	6.5 萬美元	5.1 萬美元
預測 2	4.3 萬美元	5.3 萬美元

理分析之對比》，發表於一九八八年九月的《美國政治科學評論》學報。透過這個遊戲，你可以設身處地思考一下，如果你是選民，會投票給誰？

假設某次選舉中有兩名候選人A和B，他們會推行不同的經濟政策。針對候選人A和B的經濟政策對國民人均年收入的影響，分別有兩種預測，如表5.1所示。

你準備好投票了嗎？好像不太容易決定，是不是？如果投票給候選人A，人均年收入有可能達到最高的六萬五千美元，但也有可能是最低的四萬三千美元。如果投票給候選人B，人均收入有可能達到五萬一千美元，也有可能是五萬三千美元。

這時人們的決策依據，就取決於他們以什麼樣的收入作爲參照標準了。如果分別以四萬三千萬美元和四萬五千美元作爲參照標準，如表5.2所示，你認爲哪名候選人會獲得較多的選票呢？

在預測一中，兩名候選人都代表收益（候選人A增加兩

表 5.2　加上參照標準

	參照標準	候選人 A	候選人 B
預測 1	4.3 萬美元	6.5 萬美元	5.1 萬美元
預測 2	4.5 萬美元	4.3 萬美元	5.3 萬美元

萬兩千美元，候選人B增加八千美元）；而在預測二中，候選人A代表損失，候選人B代表收益（候選人A減少兩千美元，候選人B增加八千美元）。根據「損失規避」和「框架效應」的規律，我們會發現，候選人A變得不受歡迎了。事實上，實驗數據也驗證了這一點：有七二%的人投票給候選人B，只有二八%的人投票給候選人A。毫無疑問，候選人B以壓倒性的優勢獲勝。

但是，如果我們採用不同的收入作爲參照標準呢？

表5.3唯一的變化就是收入參照標準從原來的四萬三千美元和四萬五千萬美元，分別提高到六萬三千美元和六萬五千美元，也就是各加了兩萬美元。這時，人們的投票行爲會出現怎樣的變化呢？

在預測一中，候選人A代表收益，候選人B代表損失（候選人A增加兩千美元，候選人B減少一萬兩千美元）；而在預測二中，兩名候選人都代表損失（候選人A減少兩萬

表 5.3　採用不同的參照標準

	參照標準	候選人 A	候選人 B
預測 1	6.3 萬美元	6.5 萬美元	5.1 萬美元
預測 2	6.5 萬美元	4.3 萬美元	5.3 萬美元

兩千萬美元，候選人B減少一萬兩千美元）在兩種預測中，候選人B的政策都會帶來損失，在「損失規避」和「框架效應」的影響下，很多原來支持候選人B的選民，就會轉向候選人A了。雖然選擇候選人A意味著更大的風險，但至少有一線希望能避免損失。實際的投票結果也表明，候選人B的得票率大幅下降，從七二％下降到五〇％，而候選人A的得票率則上升到五〇％，兩人變得勢均力敵。

從原先的相差懸殊，到後來的勢均力敵，唯一的不同之處就是參照標準。當參照標準較低時，形勢對候選人B更有利，當參照標準較高時，形勢就變得對候選人A更有利了。

在選舉中，這樣的隱性框架無所不在，然而，人們很少會去注意它，更不去關心它是如何產生，又是如何被人們接受並逐漸深入人心的。透過影響、調整人們心中的框架，聰明的候選人就掌握了選舉的主導權。

下面，我們就來看看框架效應如何在美國總統選舉中發揮作用。

從歷屆美國總統選舉來看，大多數的候選人都可以劃分爲「激進型」和「保守型」兩種類型，激進型主張劇烈變革（更換總統或黨派），保守型則主張延續之前的政策（同一總統或同一黨派連任）。表5.4是一九八〇年來歷屆美國總統選舉主要候選

表 5.4　1980 年來歷屆美國大選主要候選人與當選者

年份	激進型	保守型	當選者
1980 年	雷根	卡特	雷根
1984 年	孟岱爾	雷根	雷根
1988 年	杜卡基斯	老布希	老布希
1992 年	柯林頓	老布希	柯林頓
1996 年	杜爾	柯林頓	柯林頓
2000 年	小布希	高爾	小布希
2004 年	凱瑞	小布希	小布希
2008 年	歐巴馬	馬侃	歐巴馬
2012 年	羅姆尼	歐巴馬	歐巴馬
2016 年	川普	希拉蕊	川普
2020 年	拜登	川普	拜登

人和當選者名單。

以一九八〇年卡特和雷根角逐總統爲例，當時，身爲總統的卡特準備競選連任。一般來說，在任的總統由於各項政策的連續性，可以劃分爲「保守型」的候選人。通常在任總統尋求連任，獲勝的優勢會更大一些，但是卡特面臨的局勢卻不容樂觀。當時，美國經濟陷入衰退，更糟糕的是，卡特政府還遭遇了著名的政治滑鐵盧——伊朗人質危機。當時只要一打開電視，就會看到關於伊朗人質危機的新聞報導不斷。憤怒而失望的美國人把這一切都歸咎於卡特總統的失職。選舉前的一次民意調查顯示，卡特的支持率已經滑落到了有史以來的最低點，僅九%。

就在這時，共和黨推出了他們的候選人雷根。客觀地說，電影演員出身的雷根並沒有多少優勢，他沒有豐富的政治經驗，年齡也偏大（當時雷根已六十九歲，卡特只有五十二歲）。雷根參選後，立即主張推行激進的改革政策，取消國家對電信、航空等的監管，實現徹底的經濟自由化，對外則奉行強硬的外交政策，並提出耗資不菲的「星際大戰」計畫。這在當時經濟衰退的美國可謂「一石激起千層浪」，朝野議論紛紛，毫無疑問，在人們心目中，雷根是一名「激進型」的候選人。

在激進的雷根和保守的卡特之間，美國人是怎麼考慮的呢？通常，人們在選舉中會偏愛保守（風險較小）的候選人，因爲大部分人不願意主動承擔風險。但當時的局勢改變了這樣的行爲偏好，美國人普遍認爲，如果繼續讓卡特當總統，形勢只會越來越糟。爲了避免「越來越糟」的局勢帶來的損失，只好把手中的票留給雷根。儘管他們也不知道這個來自伊利諾州的電影演員能否勝任這份工作，但至少有一線希望能夠避免損失。

可以說，卡特的連任失敗，很大一部分原因是敗在形勢上，而非能力上。走下坡路的經濟和令人頭疼的國際形勢，爲卡特製造了不利的競選框架。雷根則利用了這個規律，以激進的挑戰者姿態出現在選民面前，最終贏得了入主白宮的機會。

其實，不只是雷根，在之後的歷屆選舉中，激進型候選人當選的情況，往往伴隨著某種危機。當經濟處於平穩或成長階段，保守型候選人則幾乎毫無例外地贏得了選戰。在美國歷屆總統大選中，「框架效應」和「損失規避」原理幾乎都得到了準確的體現和應用。

二〇一六年十一月，美國第五十八屆總統大選舉行，兩位總統候選人分別是希拉蕊（保守型）和川普（激進型）。儘管歐巴馬八年執政期間，幫助美國走出了二〇〇八年的全球金融危機，然而，很多中部選民（如「鐵鏽帶」選民）由於深受全球化所害，工廠外移，收入多年未增長，很多人甚至失去了工作，因此渴望變化。當時，儘管川普不被主流媒體看好，但由於川普主張「美國優先」的激進變革，最後反而贏得了大選。

二〇二〇年十一月，美國第五十九屆總統大選舉行，兩位總統候選人分別是尋求連任的川普（保守型）和拜登（激進型）。儘管在川普的第一個任期裡，美國經濟形勢非常好，然而，由於川普政府對二〇二〇年突發的新冠肺炎疫情防護不力，導致美國成為全球疫情最嚴重的國家，很多民眾擔心情況變得越來越糟而希望尋求變化。因此，主張變革的候選人拜登（激進型）獲得了勝利。可以說，川普也是敗給了形勢，敗給了新冠肺炎疫情這隻「黑天鵝」。

誘惑的分量

雖然人們傾向於規避損失，但是他們對損失的畏懼並不是沒有限度的。對於一個收益與損失並存的機會，當收益大於損失，且大到一定的比例時，人們對損失的敏感就會逐漸降低，並且會鼓起勇氣為追求收益而承擔風險。換句話說，如果一個人能夠抵禦利益的誘惑，那只是因爲誘惑的分量還不夠而已。

收益要增加到什麼程度，才能夠消除人們對於損失的敏感呢？

特沃斯基教授和康納曼教授的研究表明，當收益達到損失的兩倍以上時，人們的選擇就會開始轉向，從原先的規避風險，轉向追求風險。

如果你問一個人「有五〇%的可能性會損失一百元，有五〇%的可能性會贏得一百元，要不要打這個賭」，對方多半會拒絕。

但是你把問題改爲「有五〇%的可能性會損失一百元，有五〇%的可能性會贏得兩百元」，他可能會猶豫。當贏的賭注增加到三百元、四百元，甚至更高時，我們就會看到冒險的行爲出現。從這個角度來看，我們就不難理解賭場對人的吸引力，當收益達到損失的十倍、百倍，甚至千倍以上時，再淡定的人恐怕也會坐不住。

同樣，當彩券的中獎金額不斷上升時，也是購買彩券的人數上升最快的時候。根據這個規律，彩券公司總是把不斷攀升的彩券頭獎金額作爲他們最有號召力的廣告。

幾年前，我去美國，在開車進入紐約市區的高速公路上，看到一塊高高聳立的廣告牌，上面即時更新著「超級百萬」的頭獎金額。我看到獎金已經累計達到五億美元！看到這個數字，你是否會和我一樣腎上腺素跟著高漲，情不自禁深吸一口氣踩下油門呢？

的確，在這樣的高額獎金面前，美國全國上下都陷入了瘋狂。推特和臉書這些社交網站上充斥著對中獎號碼的各種預測，彩券公司則接到了成千上萬的詢問電話。在巨額大獎的刺激之下，幾乎人人都躍躍欲試，希望自己就是千萬人中的幸運兒。

《史記》裡有一句話是「天下熙熙，皆爲利來；天下攘攘，皆爲利往」。然而，消費者行爲學的研究卻告訴我們，**影響人們選擇的不只是利益，而是利益與損失的相對關係**。

在外界條件和表達方式的影響下，利益和損失的概念可以互相轉化。透過建構不同的「框架」，我們可以潛移默化地影響人們的選擇和行爲。透過調節損失和收益之間的關係，我們也可以讓行爲發生轉向，從規避風險轉向追求風險。

世界的確是瞬息萬變的，然而，如果我們掌握了框架效應的規律，它就變得容易理解多了。

打折與漲價，哪個更讓商家傷不起？

前陣子，我家附近開了一間大型超市。我很喜歡到這家超市買東西，確切地說，我喜歡在這家超市買牛奶。和周圍的幾家超市相比，這家超市的牛奶一直有促銷，一瓶九百八十毫升的牛奶，促銷價是九．五人民幣，還多送一瓶五百毫升的牛奶，很划算。兩個多月後，我發現這家超市不再送小瓶牛奶了，而且九百八十毫升牛奶的價格漲到了十二人民幣。慢慢地，我買牛奶的次數就比以前少了。

這說明什麼問題呢？消費者對漲價的敏感，比對降價和促銷的敏感要強得多。因爲漲價觸動了消費者的「損失規避」傾向。當消費者體認到買同樣的產品要付更多錢時，他們就覺得受到了損失。爲了減少或避免損失，他們選擇不買這款產品，或者減少購買。漲價期間消費者減少的購買量，遠遠超過同等幅度促銷增加的購買量。

對於零售商而言，這意味著他們費心經營的各種促銷和優惠活動，很可能因爲某一次的漲價而收效甚微。從這個意義上來說，反覆打折和促銷，對於刺激消費者需求的作用是有限的。

超市或賣場需要好好管理商品的價格，特別是一些對價格敏感的消費品，要讓它的價格保持穩定，盡量避免漲價。消費者的需求是有彈性的，漲價對消費者需求帶來的傷害，比降價帶來的需求增加要明顯得多。

然而，當漲價不可避免時，如遇到經濟危機、通貨膨脹，企業也有應對的策略。一個常用的方法就是把包裝變小。一袋花生的價格可能沒有變化，但仔細一看，五百公克變成了四百五十公克。我們經常看到飲料包裝的體積略微縮小，一盒餅乾從二十片變成十六片，或是礦泉水的瓶子變薄了（從包裝材料降低成本）。消費者往往對這種「變相的漲價」不會多注意，不會產生對損失的敏感。

此外，在漲價的情況下推出小包裝，也符合消費者的心態。因爲他們不願意爲同樣的商品付更多的錢，但願意減少購買的量。這時如果沒有小包裝供消費者選擇，他們很可能就決定不買了。

當然，對於精明的消費者來說，應該學會多留心產品包裝，善於比較，甚至養成閱讀產品標籤的習慣。比如當原料價格上漲時，一些巧克力生產商爲了減少漲價的衝擊，會用較便宜的原料（如代可可脂）替代食品中的巧克力含量，消費者嘗起來卻還是一樣的（如果對口味不是非常挑剔的話）。可見，不是損失本身，而是對損失的感受，影響著消費者的態度和行爲。

利用框架效應改變現狀

一九九九年，美國知名汽車保險公司 Geico 推出電視廣告，廣告主角是一隻會說話的綠色小蜥蜴。這隻綠色小蜥蜴的誕生實屬偶然。當時正值美國電視演員工會罷工，Geico 找不到演員來拍攝廣告，就設計了這樣一個卡通圖像，原本打算只作臨時之用，沒想廣告播出後竟大受歡迎。有很多觀眾打電話來說，他們非常喜歡這隻綠色小蜥蜴。

這隻小蜥蜴操著一口標準的倫敦口音，絮絮叨叨地唸著 Geico 保險省錢、手續方便，似乎是對美國保險業一貫採用的保險推銷員的一種諷刺。Geico 不用保險推銷員，而是透過郵件、電話和網路銷售產品，這成爲它重要的成本優勢。廣告結尾是一句很簡潔的話：「Geico，十五分鐘就能幫你節省一五%甚至更多的汽車保險費。」

Geico 廣告的播出，在美國保險業引發了一場「地震」。自二〇〇〇年以來，Geico 大量買進電視、廣播和戶外廣告，掀起了一場鋪天蓋地的廣告宣傳攻勢，讓競爭對手備感壓力。

Geico 的廣告風格明顯有別於其他保險公司，如當時占據美國汽車保險市場前兩名的 State Farm 保險公司和 Allstate 保險公司。前者的廣告策略著重表現生活的溫馨和安全感，後者則喜歡用誇張、戲劇化的方式來表現災難。

這是保險廣告最常見的兩種建構訊息的方式，分別強調「收益」和「損失」。Allstate 的做法很容易理解，「損失規避」是推動人們購買保險一個強而有力的因素。但是過於強調災難，可能讓人產生厭煩情緒，因此，State Farm 溫馨風格有可能符合一部分消費者的胃口。

但是 Geico 的廣告改變了這一切，它把問題的框架從需不需要買保險，轉移到保險的價格上，並由此引入了與眾不同的「收益」和「損失」關係——買保險的性價比。

我們來看看 Geico 的廣告語：「十五分鐘就能幫你節省一五%甚至更多的汽車保險費。」

在這個新框架所定義的損失和收益之間，消費者會怎麼選擇？

損失：十五分鐘

收益：（與現有保險相比）一五%甚至更多的保險費

首先，損失是微乎其微的十五分鐘而已。事實上，消費者對時間損失的敏感，比對金錢損失的敏感要弱得多。其次，收益是實質性的，以汽車保險費平均一年兩千美元來計算的話，節約一五%，就是節約三百美元，這不是一筆小錢（三百美元可以買一台大尺寸液晶電視了）。在收益遠遠超過損失的情況下，我們很容易想像消費者會怎麼選擇：他們會選擇更省錢的 Geico。

Geico 鋪天蓋地的廣告攻勢的用意是，一旦人們接受並相信 Geico 比大多數保險便宜（一五%甚至更多），他們的心理參照標準就發生了變化。他們會認爲，如果不選擇 Geico，就是在承受損失。應該說，在一般情況下，人們不會輕易改變自己的保險計畫。當人們選擇一家保險公司，簽訂保單，日後如果沒有明顯的不滿，他們是不會更改保險計畫的。

這種傾向在消費者行爲學的研究中得到了證實。一九八八年，波士頓大學的威廉·塞繆爾森（William Samuelson）教授和哈佛大學的理查·澤克豪澤（Richard Zeckhauser）教授研究哈佛大學九千多名教職員的醫療保險計畫時發現，就算有新的保險計畫可供選擇，大多數人仍選擇維持他們原來的保險計畫。即使新計畫和舊計畫相比具有種種優勢，如費率更低、每次看病花的錢更少等，大多數人也不願意主動去改變。

塞繆爾森教授和澤克豪澤教授將這種現象命名爲「現狀偏誤」。現狀偏誤會使人們無力去做出改變，它也是生活中很多非理性決策的心理根源。從損失規避的角度來解釋，現狀偏誤可以看成人們想要避免改變所帶來的損失，爲此，他們寧願選擇維持現狀，什麼也不做。

遵循現狀偏誤的邏輯，要讓這個世界發生變化是很難的。然而，我們看到的情況並不完全是這樣。這個世界迅速地變化著，每天都有無數的新事物誕生，迅速改變我們的生活和周圍環境，要求我們適應新的觀念，跟上時代的腳步。「適者生存，不適者淘汰」，這是達爾文經典的進化論，但是它已日益深入社會的各個方面。

那麼，在現狀偏誤的影響下，變化又是如何發生的？

Geico就提供了一個很好的例子。首先，期望帶來了改變。儘管消費者都有保留原有保險計畫的傾向，害怕面對改變所帶來的損失，但是消費者永遠都期望著更經濟的保險計畫和更高的顧客滿意度。人們在行爲上抗拒著變化，但在意識裡又渴望著變化。最終，更深層的意識還是會推動變化發生，而這恰恰是發展和進步的根本動力。

當然，並不是每一個現狀的挑戰者都能獲得成功，也不是每一樣新事物都可以在競爭中生存下來。成功的挑戰者往往需要做對幾件事情，像上述例子中的Geico，它因爲改變了問題的「框架」，把人們關注的焦點從要不要買保險，導向如何買更省錢，使得Geico明顯有別於其他保險公司。

其次，在克服現狀偏誤的過程中，Geico並沒有違背損失規避的規律，反而利用了這個原理。Geico並沒有去說服消費者改變原有的保險計畫，而是提示，如果你繼續沿用原有的保險計畫，你將多支付一五%的保費，這就啓動了消費者對損失的規避心理。爲了避免損失，消費者要付出的代價是什麼呢？僅僅十五分鐘而已。換句話說，Geico重新定義了收益與損失的標準，簡化了消費者的決策過程。

最後，保險本身並不是一個讓人愉快的話題，但Geico的廣告卻能讓消費者放下那些不愉快的念頭，輕鬆一笑。企業管理者不應該忘記，一個品牌的市場業績，與其受喜愛的程度密不可分。人們會因爲喜歡而購買、繼續使用某個品牌，單憑理性很難做到這一點。

正是以上這些條件的共同作用，爲Geico帶來了空前的商業成功。如果說Geico的例子對我們還有所啓示的話，那就是告訴我們，沒有一成不變的選擇。改變表達方式、重新建構框架，都可以創造新的選擇。因此，我們需要用一種全面的、動態的眼光看待這個世界，探討它爲什麼是現在這個樣子。在一切看似理所應當的表象背後，是否有一隻看不見的手在建構著我們的價值觀和選擇？這正是「框架效應」帶給我們富有深遠意義的啓示。

結語

二〇〇六年，耶魯大學經濟學家陳凱斯（Keith Chen）教授等人發表了一項很有意思的研究，他們在南美洲的捲尾猴身上重現了人類的行爲科學實驗，只不過，實驗手段從金錢變成了捲尾猴最愛吃的葡萄。結果發現，猴子的選擇和人類是一樣的。

在分析了「損失規避」「框架效應」和「現狀偏誤」這些人類容易掉進的行爲誤區之後，我們似乎又回到了原點：原來，我們和猴子一樣，也會犯同樣的錯誤。

但是，對自己弱點的洞悉是否會讓我們變得更聰明呢？擁有自知之明，哪怕只是一點點，也可以幫助我們解答困惑，讓我們站在更高的地方，彌補這些看起來難以逾越的弱點。正是這樣的反省和自我糾正的能力，讓人類從本質上與猴子有所不同。

在本書中，我們希望帶給你的能力，就是看到影響你選擇和判斷的各種隱藏因素。請別忘記，所有的決定都是有條件的，而非絕對的——我們只需要繞到它的背後去。

第六章

稟賦效應

敝帚為什麼自珍？

為什麼同一件商品，賣家的估值要明顯高於買家？
為什麼業主寧願負擔高昂的貸款和管理費，
也不願低價出售房屋？
舊車補貼真的是越多越划算嗎？

「稟賦效應」告訴我們，人們認爲一件東西值多少錢，取決於站在哪個位置上。擁有一件東西會讓人高估它的價値，從而對它難以割捨，甚至爲此付出更高的代價。

家有敝帚，享之千金

「敝帚自珍」這個詞，雖然大多數人都知道含義，但背後卻有一段不爲人知的故事，出自漢代劉珍所寫的《東觀漢記．光武帝紀》：「帝聞之，下詔讓吳漢副將劉禹曰：『城降，嬰兒老母，口以萬數，一旦放兵縱火，聞之可謂酸鼻。家有敝帚，享之千金。禹宗室子孫，故嘗更職，何忍行此！』」

這段話說的是東漢開國皇帝光武帝劉秀，他是一位具有雄才大略的開明君主，待人敦厚，誠懇尚信，在軍事上有謀略，禁止擄掠，爭取民心。公元二五年，經過多年征戰，劉秀建立起自己的統治政權，定都洛陽，史稱東漢。

在這個時候，各地還有許多豪強割據一方，稱王稱霸。其中，公孫述就依仗著四川的險要地勢，自立爲帝。劉秀數次遣使前去勸公孫述歸順東漢，但公孫述不從。公元三五年，東漢朝廷派兵征討，被公孫述所拒。次年，劉秀又命大司馬吳漢討伐公孫述。吳漢是東漢中興名將，武威將軍劉禹爲其副將。

這年十一月，公孫述親率數萬人，出成都城與吳漢大戰。兩軍連戰數日，公孫述兵敗逃走，最後被漢軍追上，刺穿胸部墜落馬下，當夜死去。第二天，公孫述手下見大勢已去，棄城投降。漢軍副將劉禹率兵浩浩蕩蕩進入城內，將公孫述的妻子、家人全部殺死，並割下公孫述的頭顱，派人飛馬送往洛陽。與此同時，他還縱兵大掠，四處焚燒。

這消息傳至京城，劉秀大爲震怒，特別下詔譴責劉禹：「這座城池已經投降了，滿城老婦、孩子還有數萬人，一旦縱兵放火亂殺，誰聽了都會心酸、氣憤。通常之人，即使家裡有一把破掃帚，也十分珍惜，可你卻這樣不愛護子民的生命財產，你怎麼這樣殘暴，竟忍心做出如此的行爲？」隨即，劉秀下詔撤了劉禹的職務，並對主將吳漢也給予嚴厲批評。

正如劉秀所說，古時候通常之人，即使是家裡的一把破掃帚也十分珍惜。那麼，在今天這個過度購物的時代，人們是否還會珍惜購買的各種物品？

今天，我們生活在一個熱中購物的時代，逛街或上網買東西已經成了一種不可缺少的生活習慣。我們只需稍稍注意一下大街上往來的行人，看看他們當中有多少人手裡提著某個品牌的購物袋，或者數數自己每個月收到多少包裹，就會明白購物行爲是如何深植於我們的生活。

除了那些自發的、有明確意圖的購買，我們還會「無意」或「衝動」購買很多東西，比如一款在天貓購物節時購買的皮包、一個心血來潮在家居用品店購買的心形抱枕……我們購買的數量之多、種類之雜，恐怕自己平時也不清楚，只有到了搬家整理物品的時候，才會發現自己積累物品的能力是多麼驚人。看來，購物也有痛苦的一面，要整理、搬運、處理自己買下的這麼多東西，眞是一件讓人頭疼的事！

在美國，有企業提供個人儲物空間租賃，美國人利用這些空間來存放自己生活中暫時用不到的物品。統計數據顯示，二〇〇八年的時候，美國消費者一共租用了大約二十二億立方公尺的個人儲物空間。這個空間有多大？大到足夠把美國的男女老少一起打包裝進去。租用這樣的個人儲物空間花費並不低，但美國人寧可多花錢，也不願意把這些現在用不到，而且將來也很可能不會再需要的物品賣出去，或是處理掉（送人或扔掉）。

是什麼樣的心態促使他們這樣做？爲什麼人們會固守著自己擁有的東西而不放開？在人們得到一件東西、成爲它的主人時，人們心中對它的感知價值是否會發生變化？要解釋這些問題，我們需要了解消費者行爲學的一個重要發現，那就是「稟賦效應」。

我的賣車經歷

在美國求學和工作了八年後，我決定回國工作。很多東西無法帶回國，我決定趕緊賣掉，首先就是我的車子。我上知名汽車評鑑網站 kbb.com 查詢我車子的價值。美國二手車交易市場非常大，而且大多在私人之間進行，沒有第三方再剝削利潤，這樣對買家和賣家都比較實惠。kbb.com 就是一個非常受買家和賣家歡迎的網站。賣家可以在上面刊登自己要賣的車的具體資訊，包括品牌、型號、里程、配備等，網站會根據這些資訊提供市場平均價給買賣雙方參考。

我在 kbb.com 上查了一下，發現我車子的市場平均價是四千五百美元。我覺得這價錢偏低，我六年前購買時可是花了兩萬美元啊！這六年來，因爲在紐約，我開車的里程少，而且一直有做全面性的定期保養。於是，我在網站上刊登賣車的廣告，要價五千美元，比 kbb.com 建議的市場平均價高一些。

過了兩天，有買家和我聯繫，出價是網站的市場平均價四千五百美元。我堅持要賣五千美元，交易沒有成功。接下來的兩個星期，不斷有買家和我聯繫，居然沒有比第一個買家出價更高的，甚至有不少出價低到四千美元。於是，我決定花兩百美元將車暫放在曼哈頓上城一個較便宜的露天停車場，先回國辦理工作報到等手續，等下次回紐約時再賣車。

過了一個月，工作手續辦妥後，我回到紐約，看到自己的車嚇了一跳。長時間沒開的車子，經歷了風吹日曬，積了厚厚一層灰，鳥糞、樹葉落得滿車都是。要不是還有車牌在，我幾乎不敢相信這是自己的車子。這時候我才認知到，這車是不得不賣了。

我洗了車，然後打電話給之前和我聯繫過的一些買家，決定接受他們當中最高的報價。一個星期後，這輛車以四千美元的價格賣出了。我雖然不情願，但比起讓它隨著時間不斷鏽蝕、貶值，賣掉它的確是一個更明智的選擇。

是什麼讓我在一開始猶豫不決，不肯以四千五百美元賣出這輛車，即使 kbb.com 告訴我它的市場平均價就是這樣？這就是「稟賦效應」在發揮作用：**擁有一件東西會讓你高估它的價值**。

人們擁有一件東西之後，要主動放棄它並不容易，因爲人們傾向於認爲自己所擁有的東西，比別人所擁有的相同東西更有價值。對於賣車這件事，雖然市場平均價告訴我它值四千五百美元，但因爲我是車主，會認爲自己的車應該高於這個價錢。

相反，如果是由我的朋友（第三方）代爲賣車，事情就會容易得多。因爲沒有了稟賦效應的影響，我的朋友會更容易接受這輛車的市場平均價。

稟賦效應

可見，有時候擁有一件東西並不見得是多麼明智的事情，它會改變我們對事物價值的主觀認知，對它難以割捨，難於放手，並讓我們爲此付出更高的代價。

除此之外，稟賦效應還會誘導我們做出各種不合乎理性的判斷和決定，比如下面這個例子。

現在，有兩件東西供你選擇，一盒瑞士巧克力，以及一個白瓷咖啡杯，它們的市場價格基本上是相同的，你選哪一個呢？我經常聽到的回答是「無所謂」或「隨便」。假設人們對這兩件商品的偏好是一樣的，這時，我把巧克力和咖啡杯分配到你和其他人手上，然後問每個人是否願意將手裡的巧克力或咖啡或和別人的相交換，會發生什麼情況？

如果人們對巧克力和咖啡杯沒有明顯的偏好，那麼交換的機率應該是五〇%，但事實並不是這樣。加拿大西門菲莎大學的經濟學家傑克・克尼區（Jack Knetsch）教授就做了上述實驗。他將實驗參與者隨機分成三組，其中一組得到咖啡杯，另一組得到巧克力，第三組則可以自由選擇要咖啡杯還是巧克力。結果第三組中五六%的人選擇咖啡杯，四四%的人選擇巧克力，這接近我們原先的假設，也就是對兩種物品的偏好大約是一比一。

接下來，讓大家交換。最後的實驗數據表明，分到咖啡杯的人中，只有一一%的人選擇換巧克力；而在分到巧克力的人中，只有一〇%的人選擇換咖啡杯。顯然，大多數人都認爲自己手裡的東西比別人的更好，所以不願意交換。

可是，之前大多數人不是認爲它們都一樣嗎？正是「所有權」改變了我們對事物價值的認知，帶來了新的認知偏誤。這也是爲什麼大多數顧客買了東西之後很少拿回去退貨，即使他們可以在三個月內隨時退貨（在美國，有不少商店承諾三個月內無條件退貨）。人們經常把這解釋成懶惰或怕麻煩，但一個更深層次的原因是，**人們買了一件東西，成為它的主人之後，它在人們眼中的價值就增加了**。

芝加哥大學的理查・塞勒教授也做過類似的實驗，他讓獲得咖啡杯的人（賣家）和沒有咖啡杯的人（買家）分別爲咖啡杯標價。他發現，賣家的要價中位數是

五．二五美元，而買家的出價中位數是二．二五至二．七五美元，前者是後者的兩倍。這是賣家不近情理，還是買家太小氣？這個實驗用更直覺的方式向我們揭示了價值的主觀性：一件東西究竟值多少錢，取決於我們站在哪個位置上。不用責備賣家總是索高價，換作我們是賣家，恐怕也會和他一樣。

生活中，我們一定都扮演過買家和賣家的角色，也一定曾經為彼此的利益而喋喋不休地爭吵。然而，這些不同的角色和經驗，是否有利於我們更公平地看待周遭事物？是否讓我們變得更通達、更善解人意？

「稟賦效應」讓我們自私，而了解「稟賦效應」，讓我們認識到自己的自私。在很多時候，這是一個走向成熟的開始。

北京的「牛市」與波士頓的「熊市」

過去二十多年，中國房地產市場發生了劇烈的變化。以北京為例，作為生活必需品的房子從二〇〇〇年左右的每平方公尺三、四千人民幣，上漲到今天的十萬人民幣，漲幅超過二十倍。

我一個朋友從北京一所大學碩士畢業後便留校任教，他在二〇〇一年決定出國攻讀博士學位，當時他工作的大學爲了挽留他，提出要送他一間房子，當時的價格是每平方公尺三千人民幣。爲了出國，我朋友放棄了那間房子。現在，那間房子所在區域房價早已飆升，漲到每平方公尺十萬人民幣。這位朋友住在紐約，直到他回國探親時，才意識到北京的房價上漲之凶猛。朋友打趣說：「你看，國外一流院校的博士文憑，終究趕不上北京的一間房子啊！」

北京的房價爲何如此之「牛」？除了外界普遍分析的「全中國大量有錢人湧入北京」「北京的土地是稀缺資源」等之外，還有一個值得考慮的心理因素，那就是「稟賦效應」。

在房地產市場中也存在著稟賦效應。稟賦效應會給市場帶來兩種影響：第一，賣家捨不得賣，有時人們不僅不賣，甚至還會進一步囤積，這就助燃了市場上對「房屋是稀缺資源」的看法。人們越是認爲房屋稀缺，就越會不惜一切代價地搶購它。第二，雖然在稟賦效應的影響下，業主會捨不得賣房，但如果眞的要賣，條件只有一個，就是售價必須夠高，高到足以抵消稟賦效應的影響。

在這樣的情況下，每個屋主在轉手賣出時都會開出比買價高得多的價碼，下一個買家則會把自己多掏的成本，以及稟賦效應的溢價等多重因素疊加在一起，繼續轉嫁給後面的買家……如此層層疊加，房價也就跟著一路飆漲。因爲稟賦效應代表的是人們心目中的理想價格，必然會高於市場平均價，也高於房子的實際價值，於是，房價中的泡沫也就越來越大。

房價的瘋漲在美國也一樣。二十多年前的波士頓也出現過類似的炒房風潮。長期以來，波士頓是美國東海岸最適合居住的城市之一。這個城市繼承了新英格蘭的文化傳統和風俗，同時也是美國最自由開放的思想文化前沿地帶，這正是波士頓吸引人之處。

由於四周有哈佛、麻省理工學院等名校，波士頓也是美國人口受教育程度最高的城市之一，這裡居住著大批受過良好教育，從事法律、顧問、ＩＴ和藝術的雅痞們。這些雅痞們的共同特點，便是喜歡城市生活，他們愛熱鬧，喜歡在城裡上班、居住。他們依戀並享受著城市的節奏、便利和繁華，不願搬到郊區去過那種「中產階級式」的閒散生活。於是，波士頓市區的高級公寓就滿足了這些雅痞人士的需求。

有意思的是，從一九八五年初開始，波士頓市區的高級公寓價格就一路攀升。僅在這一年間，房價上漲了三八％。突如其來的房價上漲，一時間讓人不知所措。當時的波士頓，整個城市都在大興土木，大批的高級公寓破土動工。同時，一些高科技公司也紛紛在波士頓落戶，帶來了充足的投資項目和人才。對於眼前的這些變化，外界普遍認爲，波士頓將成爲美國新興的電子和資訊產業的心臟。這當然是一個不容錯過的投資機會，於是，不少人開始在波士頓市區置產，期望著幾年後能大賺一筆。

在今天看來，八〇年代中期波士頓房價的瘋漲，是美國歷史上著名的房地產泡沫之一。這股泡沫在一九八九年達到了頂峰，當時，波士頓城區的房價已經躍升到了一九八五年以前的二·五至三倍。

但進入一九九〇年之後，形勢急轉直下。美國經濟開始進入衰退，海灣戰爭已露端倪，投資者們都放慢了腳步，而人們期待的技術革命卻始終不見蹤影。這讓那些在一九八六年、一九八七年之間買房的業主很失望，他們開始考慮賣掉公寓，搬到風景更優美、價格也更低的郊外居住。

房價上漲時，人們順勢在買價的基礎上加一定的利潤，再把房子賣出去是可以理解的，那麼，在房市不景氣的時候，業主應該沒有理由繼續漲價了吧？可是，現實中的情況卻完全不同。在一九九〇至一九九七年的房市蕭條時期，波士頓高級公寓的業主們不但沒有降價，反而在買價的基礎上繼續漲了二五%至三五%。他們也知道這樣漲價，房子根本賣不出去，但是在感情上，他們卻堅持漲價。究竟是什麼原因讓賣家即使面臨房市大蕭條，還繼續漲價呢？

「稟賦效應」的作用不可低估。

雖然市場已明確放出信號，告訴業主和投資客們房價已經開始往下掉了，賣家卻還是認爲至少自己的房子比別人的更值錢一些，所以，即使波士頓的其他房子都降價了，自己的房子也不會貶值。這種拒絕接受現實、逆勢漲價的心理，就是稟賦效應的典型反映。

在這個例子裡，我們還可以注意到一個細微卻十分重要的差別，那就是房子是自住還是投資。雖然這兩種情況都會出現稟賦效應，但買房自住的業主，漲價的幅度會比投資者更大一些。有數據表明，前者的漲幅幾乎是後者的兩倍。

這是一個非常有趣的交易現象，僅僅用「貪心」並不足以解釋。

事實上，當人們在一間屋子裡住上一段時間之後，確實會相信自己的房子比市面上同等級的房子更值錢。但除非買方也在這間屋子裡住上一段時間，否則他不會理解業主的稟賦效應情結。而結果就是房子賣不出去，房地產危機進一步加深。

在業主們不肯調降價格的情況下，波士頓的高級公寓在市場上長期遇冷，有大約六〇%的公寓一直未能售出，最後的出路便是退出交易。對業主們來說，這意味著他們的資產縮水了一半，但他們仍需償還每月高額的貸款，還必須爲擁有這間房子持續支付高額的房地產稅，以及維修和管理費用。

此外，雖然有四〇%的公寓賣出去了，但成交價也遠未達到業主的期望。在稟賦效應的影響下，這些公寓在市場上的待售期平均爲四年半。不知道業主們計算過沒有，這四年半的資金凍結，意味著多少損失呢？

我總認爲，一個在稟賦效應影響之下的人是有可愛之處的，他們就像是盲目又充滿著愛的父母，相信自己的孩子比其他同齡的孩子更優秀。但是在事實面前，父母們可能經常會感到失望。父母們痛苦地認識到，自己的孩子也許並不特別優秀，甚至只不過是眾多普通孩子其中之一而已。然而，這並不妨礙父母們繼續抱有這樣的夢想，爲實現孩子的偉大天分而付出一切。

舊車換新車

隨著汽車走入千家萬戶，現在越來越多家庭都會買車。爲了鼓勵人們購買新車，很多車行和經銷商都開辦了舊車換新車的業務。

現在，你把舊車開到車行估價，依照稟賦效應，你會認為自己的車比市場平均價更值錢一些，開出的價格也比市場平均價高。你也許會列舉出各種理由來支持自己的要價，比如你很注意車子的使用、保養，並添置了新的輪胎或某些新式配件等。車行銷售人員很認真地聽著，不時地點頭，說：「好吧，我和經理商量一下，看能不能給您一個比較好的價錢。」

過一會兒，他回來了，告訴你車行願意以高出市場價三萬元的價格買你的車子。你欣然接受了，拿著這筆剛到手的車款，挑選了一款性能更優越的新車。這時，你也許還會就新車的價格和車行討價還價，但你的態度已經沒有賣車時那麼堅決了，畢竟車行考慮了你的要求，做出了讓步。車行也許還會給你一個折扣，讓你把新車開回家。但你可能沒想到，你從舊車上「多賺」的三萬元，在購買新車的時候又花了出去，甚至花得更多。事實上，很多車行也是這麼做的。

稟賦效應讓你得到好處了嗎？從舊車的單筆交易來看，你似乎是得到好處了；但從總體上看，花的錢還是一樣多，甚至更多。

對於車行來說，正是稟賦效應讓他們掌握了消費者的弱點。他們預料到車主會為自己的舊車提出高於市場平均價的報價，也樂於滿足這種請求，因爲對他們來說，在舊車上損失的成本完全可以從新車上賺回來。

反過來，如果車行堅持不讓步，不答應顧客的請求呢？那麼顧客也就失去了換購新車的動力。就算顧客決定接受舊車的損失，也可能把討價還價的注意力集中在新車上。這時，即使車行提供誘人的折扣，顧客也會因爲前一次交易的損失而感到不滿意。無論是哪種情況，顧客的滿意度都會降低。所以，精明的商人懂得讓步是一種必要的藝術，他們選擇讓顧客獲得他們想要的，再從讓步中得到更大的收益。

再進一步說，如果消費者能夠克服稟賦效應，他是否就獲得了優勢呢？也就是說，顧客主動做出讓步，同意以市場平均價格賣出自己的舊車。這麼一來，他就可以把精力集中在新車上，壓低新車的價格，以得到一個接近經銷商底價的報價。如果顧客在買車前做過充分的市場研究，向一些有經驗的朋友請教了這方面的知識和技巧，那麼他推斷出銷售商底價的可能性是很大的，也就能避免出高價帶來損失。

二〇〇六年，耶魯大學管理學院的雪倫．奧斯特（Sharon Oster）教授和菲歐娜．莫頓（Fiona Morton）教授分析了兩萬六千五百份舊車換新車的交易紀錄後發現，經銷商在舊車上爲消費者「補貼」得越多，消費者爲新車付出的價錢就越高。

同時，她們發現，消費者越是年輕、缺乏經驗，受到價格補貼的影響就越明顯。這就說明稟賦效應並非難以逾越，它會隨著年齡和交易經驗的增長而弱化。換句話說，消費者可能會受到稟賦效應的影響，但透過一次次的交易實踐，會逐漸認識並克服它。

來自IKEA的啓示

按照稟賦效應來推斷，當人們買下一件東西之後，它在人們心目中的價值就增加了，因此，賣掉或扔掉這件東西就變得更加困難。隨著時間的流逝，人們會越來越不願意賣掉或扔掉屬於自己的東西。於是，在稟賦效應的支配下，我們生活環境中的雜物只會越來越多，如何處理這些雜物就成了一個長期而棘手的問題。

然而，這種喜歡積累物品、捨不得丟的傾向，對商家們來說卻是商機。因爲隨著物品越積越多，人們自然需要想辦法整理這些物品。怎麼有效利用空間，讓凌亂的居家環境變得井然有序，就成了一種有價值的技術。

我見過不少家居產業的企業都把主要精力放在產品開發上，豐富產品線，其中也不乏一些精緻漂亮的設計。但他們卻不肯花時間和精力去研究、掌握消費者的心理，導致他們輕易被願意這麼做的企業所超越。這些企業的一個優秀代表，就是來自瑞典的ＩＫＥＡ。

今天，無論你走進哪個城市的ＩＫＥＡ門市，最能概括感受的恐怕只有一個字——擠！是的，逛ＩＫＥＡ是一件極耗費體力的事情。不論你多麼喜歡ＩＫＥＡ簡潔而獨特的設計風格，也不論你擁有多麼旺盛的購物精力，你可能不知道的是，從起點（通常是沙發陳列區，你可以花很多時間在這裡體驗和逗留）到收銀台，竟然一共要走一．四公里！在這段一．四公里的「跋涉」中，你還需要在人群中來回穿梭，在擁堵的路段耐心等待，在有些悶熱和喧鬧的環境裡比較各種商品並做出選擇，在令人生畏的結帳隊伍中堅持到最後付款的時刻。在ＩＫＥＡ完成一次購買任務，眞是一場勇氣和毅力的考驗。能夠完成這項任務的人，完全應該給自己一點獎勵。因此我認爲，ＩＫＥＡ把冰淇淋的販售窗口設在結帳櫃台的出口，而不是樓上的餐廳，實在是明智的安排。

然而，無論我們是否喜歡，這種持續的擁擠反映出ＩＫＥＡ在全世界的成功。這個誕生於一九四三年的瑞典品牌，從一開始就保持著清晰而穩定的設計風格。IKEA這個名字取自創辦人英格瓦．坎普拉（Ingvar Kamprad）的姓名和出生地（Elmtaryd Agunnaryd）的縮寫。坎普拉創辦IKEA時只有十七歲，卻有著與十七歲少年不相稱的穩健成熟和生意頭腦。即使在事業成功之後，這位富有個性的億萬富翁仍然保持著一貫的簡約作風，搭飛機只坐經濟艙，不住豪華飯店，吃飯會自己帶鹽和胡椒粉，要求員工必須使用紙張的正反兩面。

這種近於苛刻的簡約也投射在IKEA的設計風格上。坎普拉在一九七六年的自傳《一個家具商的自白》中寫道：「簡約是一種美德。」他從不認爲顧客到IKEA來只是爲了買幾樣家具，他把這當作一個「自我更新」歷程的開始。IKEA的目標是給顧客一個「嶄新的開始」，它滿足了每個人心裡最根本的需求之一——持續的自我更新。至於如何實現自我更新，坎普拉則把這個過程交給顧客，他們是自由的。

由此，不難理解爲什麼顧客們一旦把從IKEA購買的產品運回家，就迫不及待打開來組裝、配置。這讓他們感覺到自己在動手規畫空間，建構一個新的未來。

今天，所有品牌都在勸顧客買更多東西，卻很少有企業站在顧客的角度想一想，買來這麼多的東西之後該怎麼辦？人們在購買了新的物品之後，往往仍捨不得丟掉舊的東西。於是，屋子裡的東西越堆越多，越來越凌亂、擁擠。

面對這樣的窘境，很多品牌認爲是難題，ＩＫＥＡ卻從中發現了新的機會：幫助顧客規畫、整理家中的雜物。這其中蘊藏著巨大的商機。

在ＩＫＥＡ的一部廣告裡，人們可以看到單身女孩芮妮是如何改造她的小窩：

芮妮生活在一個二十平方公尺左右（約六坪）的小房間裡，它既是臥室，也是客廳。和大多數女孩子一樣，芮妮喜歡逛街，房間裡的衣櫥擁擠不堪，床上堆著大大小小的購物袋。朋友來訪，連坐的地方都沒有。

但是，在經過ＩＫＥＡ一番魔術般的重新設計之後，芮妮的房間完全變了一個樣。她不僅可以整齊地擺放衣物，還給自己添置了一個梳妝台。在這個小房間裡，她可以輕鬆地將床變成一個長沙發，這樣有客人來訪時，空間也綽綽有餘。

片子的結尾是在這個改造之後的環境裡，芮妮顯得更自信、更快樂，甚至更漂亮了。

這是ＩＫＥＡ向全球市場推出的「讓夢想超越空間」品牌宣傳的一部分，除此之外，IKEA還在自己的網站，以及一些社交網站上發起「利用空間的小竅門」活動，鼓勵網友們分享日常生活中的經驗，讓他們來講述自己的心得和故事。

這是一次空前成功的行銷活動。IKEA所關心的問題，觸動了消費者對於自身居住空間的敏感和反思。對於參與IKEA活動的顧客們來說，他們不僅學到了實用的生活技巧和方法，還獲得了一種積極樂觀的生活態度，即使每天棲身於狹小的居住空間，生活仍可以充滿樂趣和希望。

在IKEA專業的指導下，很多消費者開始將原本令人難以忍受的「蝸居」，變得充滿色彩和溫暖。從這層意義上說，IKEA再一次實現了創辦人坎普拉賦予品牌的最初設想：給人們一個新的開始，引領他們去創造一個新的未來。

由此看來，IKEA的聰明之處，在於它懂得如何從看似矛盾的事物和關係中受益。人們不斷地購買東西，導致家裡空間擁擠，這本身是一對矛盾。透過整理雜物和規畫空間，人們又可以購買更多的東西了；而購買更多東西的結果，則是需要更多的規畫和整理。這一對矛盾周而復始，又相互催生，在這個過程中，IKEA成功售出了大量用於整理、歸類的家居產品。這不是很聰明的做法嗎？一邊是在製造問題，一邊則是在解決問題，只有這樣，人們旺盛的消費需求才不會熄滅。

從ＩＫＥＡ身上，我們可以觀察到許多企業所欠缺的地方。這些觀察也可以幫助我們理解，為什麼像ＩＫＥＡ這樣全球性的家具生產和零售商沒有出現在中國。

中國龐大的市場，孕育了大量的家居企業，它們幾乎無一例外地關心著同一件事情：如何把更多的產品賣給消費者？很多企業的一切經營活動都圍繞著這一目標而展開。在市場上，我們經常看到家具廠商又推出了某種新的設計和樣式，或是透過各種形式的促銷來吸引顧客。在你來我往的吆喝和打折背後，沒有人去考慮這樣一個問題：消費者把這些產品買回家後，他們該怎麼做？對很多企業來說，他們也許從來都不覺得這是企業的問題，而是消費者自己的問題。

倘若這眞的只是消費者自己的問題，那麼企業將發現，這很快就會轉變成企業的問題。因爲稟賦效應，人們往往捨不得賣掉或扔掉舊的物品，當消費者面對越來越擁擠的家居環境，將再也無力購買更多的東西。尤其對家具這樣的耐用品來說，稟賦效應更加明顯。但是，如果能夠利用稟賦效應，也就是利用人們不願丟棄舊物品的傾向，幫助他們做整理、歸類，釋放出更多的居住空間，人們自然會購買更多的東西。

從表面上看，「稟賦效應」和「購物消費」是一對矛盾，但ＩＫＥＡ卻善於把這對矛盾作爲一個完整的體系來經營，無論矛盾朝著哪個方向發展，它都能確保自己從中受益。

當一家公司開始管理人們消費的整個生態系統，而不只是某個環節時，它就獲得了難以動搖的優勢。我相信很多企業也可以這樣做，只不過需要更多的時間去學習，需要更多的耐心和眼光。我也相信，從混沌式的競爭中，將誕生一批更優秀而成熟的公司，並且在市場上獲得更大的回報。

結語

爲什麼人們難以放棄自己已經擁有的東西，即使爲了繼續擁有它們而付出更大的代價也在所不惜呢？

在這種非理性行爲的背後，是強大的「稟賦效應」。在稟賦效應的影響下，人們會變得懷舊。儘管沒有證據表明懷舊是一種消極的情感，但它的確會導致很多不理性的決定。

明末清初的時候，多少文人士子和平民百姓爲了「留髮不留頭」而送命。我們也能看到，三百年後的清末，又有多少人爲了保住自己的辮子而丟了腦袋。歷史用這樣殘酷的方式表達了它的反諷，卻不會爲此而停下變革的腳步。也許莎士比亞是對的，他把失去形容爲一種「甜蜜的痛苦」。因爲只有失去，才能讓我們認識到改變並不可怕，而這種對自我的重新認識和發現，是甜蜜而令人喜悅的。

所以，讓我們勇於面對生活中那些「甜蜜的痛苦」吧！在那當中，永遠孕育著新的契機和希望。

第七章

心理帳戶

為什麼錢和錢不一樣？

為什麼退稅的錢好像是平白得到的？
為什麼平時捨不得買的東西，歸類為「禮物」就願意付費了？
為什麼經濟飯店免費上網，豪華飯店卻還要另外支付上網費？

「心理帳戶」告訴我們，金錢並不是一個絕對的概念，每一筆錢都是不一樣的。心理帳戶的存在，讓每一筆金錢都具備了特定的意義，而它的變化，則決定了每一筆金錢將如何流轉。

退稅與度假

在美國工作的時候，每年四月，我都會把前一年的薪資單和其他收入單據整理好，填好報稅表格，寄到美國國稅局。到了七月初，我會在信箱裡發現一封國稅局寄來的信函，裡頭有一張支票，那是國稅局退還給我的預扣稅。每次打開這封信的時候，我都會格外欣喜，一筆三千多美元的收入好像是從天而降一樣！

通常，收到這張退稅支票之後，我會忍不住開車去購物中心，把自己之前看到喜歡卻捨不得買的東西都買下來。接下來的一個月，錢總是花得特別快。到了月底的時候，一看帳單，三千多美元居然花得只剩零頭！這也許就是人們常說的「來得快，去得也快」的道理吧。

但仔細一想，這筆錢並不是從天上掉下來的，它是從我每個月的薪資裡預先扣除的稅額，只不過是積攢在一起之後，再一併還給我。那爲什麼我對待它和對待薪資的態度就是不一樣呢？

當然，會這麼做的不只我一個。我一個同學，在美國西岸一所大學做科學研究工作，一直想來紐約玩，但是考量到花費太高，一直捨不得花這個錢。可是，他在六月底收到國稅局的退稅之後，忽然做了一個驚人的決定，他從加州的一號公路一路開車到紐約來！他整整開了一個星期，路上覺得餓了，就去餐廳吃飯，覺得累了，就找間飯店停下來睡一覺。這同學平時生活極為節儉，連叫外賣都會捨不得，可是這時候他想吃什麼就吃什麼，想玩就停下來玩，花起錢來竟然一點也不覺得心疼。

經過一星期的長途旅行，他終於抵達紐約。在紐約的朋友們為他舉辦的歡迎餐會上，我們看到平日斯文的科學家同學已經變成了《在路上》的叛逆作家傑克．凱魯亞克，整個人瘦了一圈，皮膚曬得又粗又黑，頭髮蓬亂，鬍子拉碴。在場朋友問他，開一個星期的車一定很辛苦吧？他卻直言自己一點也不覺得辛苦，反而還感受到前所未有的快樂。

這位朋友或許真的應該感謝美國國稅局，要是沒有他們寄來那張支票，也許他會選擇整個夏天都在實驗室裡度過，每天吃三美元的快餐漢堡，配一杯開水，枕著實驗數據入睡。如果沒有那張退稅支票，他不會下決心開車來紐約玩，不會一路上玩得那樣暢快，更不會意識到原來看似枯燥的長途開車旅行，竟有這麼多的自由和樂趣！

由此，我們或許可以領悟到美國政府在時間安排上的用心。首先，他們把退稅的時間安排在六、七月，那正是一年中旅行的高峰季節。在收到稅務局寄來那張支票之後，很多原本不打算出門旅行的人，又對度假重拾了興趣和衝動。等他們高高興興地度假回來，就又可以充滿幹勁地投入下半年的工作。等到了年底，雇主的獎金一般會在十二月發下來，人們拿到這筆收入之後，又可以大吃大喝、痛快採購一番了，這就保證了聖誕節和新年期間的市場繁榮。

兩筆在時間上安排得恰到好處、看似「從天而降」的意外收入，就這樣促成了美國一年中兩次最大的消費高峰。

退稅雖然像一筆額外收入，但實際上不過是每月薪資預扣稅的累積，而獎金也只是薪資的一種變相分配。除了分列在不同的名目下，退稅、獎金、薪資，本質上是一樣的。在經濟學家和金融學家的眼裡，它們是可以互相替代的。一百美元的薪資和退稅，在商店可以購買同樣多的雞蛋和牛奶，放在銀行也能生出同樣多的利息。

那麼，既然薪資和退稅可以互相替代，為什麼我們還會在頭腦中為它們劃分出不同的「帳戶」？這種人為設置的「帳戶」會對我們的行為和決策產生哪些影響？這就是我們在這一章要關注的重要問題。

心理帳戶

作爲行爲經濟學的奠基人，以及消費者決策心理學領域最具影響力的學者之一，芝加哥大學的理查·塞勒教授在一九八〇年第一個提出了「心理帳戶」的概念與理論。

早在羅徹斯特大學攻讀博士的時候，塞勒就喜歡關心生活中的各種經濟現象。與塞勒一起做過研究的諾貝爾經濟學獎得主康納曼教授回憶說，這個孜孜不倦的年輕人似乎對任何與經濟行爲有關的現象都充滿好奇心，他關心紐約的計程車司機每天開車幾個小時之後才會收工回家，關心人們在賽馬場上如何下注，又如何在最後時刻突然改變決定。他會請自己的經濟學家同事們到家裡吃飯，卻要求他們在吃飯之前先完成一項行爲學研究的實驗。

塞勒對行爲經濟學很著迷，他能從看似平凡的現象中發掘出最根本的規律，而「心理帳戶」就是建立在對經濟生活長期觀察基礎上的一個重要發現。

心理帳戶理論認爲，人們不僅有將物品分門別類的習慣，**對於金錢和資產，一樣會將它們各自歸類，在頭腦中為它們建立各式各樣的「帳戶」，從而管理、控制**

自己的消費行為。這種做法經常是在不知不覺中完成的，因此人們通常感覺不到心理帳戶對自己的影響。但人們如何將收入和支出歸類，卻可以直接影響到他們的消費決策。

在美國讀書的時候，我曾打算幫我的車裝GPS，我先在百思買商店了解了一下，車載GPS價格大約是兩百美元。當時我在學校擔任一門課的助教，剛領到四千多美元的薪資，我決定就從這筆薪資裡拿出兩百美元買GPS。

然而，就在我打算去買GPS的前兩天，我停放在停車場的車，居然被某個冒失的傢伙撞掉右邊的後視鏡。無奈之下，我只能先去修車，檢修人員告訴我，相同型號的後視鏡要兩百美元。於是，我拿出兩百美元修車，買GPS的預算就這樣泡湯了。從那以後，我再也沒有考慮過買GPS的事情。

也許你會說，即使扣掉兩百美元的修車費，帳戶裡的錢還是綽綽有餘，可以再買一台GPS啊！可是對我來說，在汽車消費這個帳戶裡，我只有兩百美元的預算，剩下的錢要用在其他方面。

我之所以這樣決定，是因爲我把買GPS的支出、修車的支出都歸類在「汽車消費」這個帳戶。但如果我之前花了兩百元買書，或是繳了兩百元的水電費，這些花費就不屬於「汽車消費」了，我依然會去把GPS買回來。

再比如說，你提前買了一張價值八百人民幣的北京國家大劇院的音樂會門票。準備出發去國家大劇院的時候，你發現門票丟了。你知道，這麼貴的門票看的人不多，到現場仍然可以再花八百元買到同樣的票。問題是，你願意去現場再花八百元買門票嗎？大多數人的選擇是不會。

相反，如果你之前並沒有提前買票，而準備出發去國家大劇院的時候，發現錢包裡原本有張八百元的超市購物卡丟了，你還會去國家大劇院掏錢買票聽音樂會嗎？大多數人都選擇繼續去買票聽音樂會。

這是因爲在我們心裡，音樂會門票八百元和購物卡八百元的意義是不一樣的。前者代表娛樂預算，既然丟了，再花錢就意味著超支，要花一千六百元購買一張音樂會門票，讓我們很難接受。後者是購物卡，雖然它丟了，但並不影響我們的娛樂預算，我們仍然可以買票聽音樂會。儘管兩者實質上都是丟了八百元，我們卻做出了完全不同的消費決定。

所以，在人們心中的確存在著一個個隱性的「帳戶」，該在什麼地方花錢，花多少錢，如何分配預算，如何管理收支，總要在心中做一番平衡規畫。當人們把一個帳戶裡的錢花光了的時候，就不太可能再去動用其他帳戶的資金，因爲這樣做打破了帳戶之間的獨立性和穩定性，這會讓人感到不安。

聰明的你可能會發現，**要說服人們增加對某項花費的預算是很困難的，但要改變人們對於某項花費所屬帳戶的認識，卻相對容易。換句話說，如果人們不願意從某一個帳戶裡支出消費，只需讓他們把這筆花費歸類到另一個帳戶裡，就可以影響並改變他們的消費態度。**

歐巴馬的帳本

我們可能覺得領袖人物不需要爲管錢這樣的煩瑣俗事而發愁，要嘛有專人替他們打理，要嘛全然不介意自己口袋裡有沒有帶錢。當一個人成爲國家元首的時候，吃飯還會是問題嗎？領袖人物的生活總有那麼一絲神祕，讓人不免生出各種遐想。然而，他們的眞實生活，卻未必如我們想像的那般不同凡響。

美國白宮新聞辦公室曾經發布一份資產報告，是關於美國前總統歐巴馬在二〇一一年的個人收入和資產統計。報告顯示，歐巴馬的身家在兩百六十萬到八百三十萬美元之間，其中包括：

一、存款

摩根大通銀行私人客戶資產管理支票帳戶：五十萬至一百萬美元

摩根大通銀行定期支票帳戶：一千至一萬五千美元

北方信託銀行支票帳戶：一萬五千至五萬美元

二、版稅收入

《歐巴馬的夢想之路》版稅：十萬至一百萬美元

《歐巴馬勇往直前》版稅：五萬至十萬美元

《爲你歌唱》版稅：十萬至一百萬美元

三、投資

伊利諾州退休基金：五萬至十萬美元

伊利諾州議院退休保險：五萬至十萬美元

美國長期國債：十萬至二十五萬美元

美國中期國債：一百萬至五百萬美元

美國短期國債：五十萬至一百萬美元

五二九大學教育存款基金（用於兩個女兒的大學教育）：二十萬到四十萬美元

四、債務

爲期三十年的芝加哥市郊住宅抵押貸款，總值五十萬至一百萬美元，貸款年利率爲五．六二五％

從這份報告中，我們可以看到歐巴馬是怎麼管理資產的，總體來說，歐巴馬爲他的資產劃分了幾大「帳戶」：第一是存款，他在摩根大通銀行有近一百萬美元的存款，此外，在北方信託銀行還有不超過五萬美元的存款；第二是投資，除了退休基金和大學存款基金之外，他至少持有一百六十萬美元的美國國債；第三是版稅，近年來出版的暢銷書爲他帶來了二十五萬至兩百一十萬美元的收益。

最有趣的是，儘管歐巴馬在摩根大通銀行有近一百萬美元的存款，他仍然選擇三十年的房貸。歐巴馬一家位於芝加哥郊區的住宅是二〇〇五年買下的，當時正值美國房地產泡沫的高峰期，與此相應，歐巴馬從銀行獲得的房貸年利率也較高，爲五．六二五％。而存款年利率不到一％，從理性的角度分析，歐巴馬應該用存款支付房貸，減少支付利息的比例。依歐巴馬現在的收入，即使一次付清全部房款，也完全有能力滿足生活和日常開銷的需要。然而，歐巴馬卻選擇背負較高的房貸利息。那麼，是什麼讓歐巴馬寧可繼續支付高額房貸，也不還清貸款呢？

在這個決定中，一個很重要的影響因素就是「心理帳戶」。在歐巴馬看來，存款和貸款是兩個相對獨立的「帳戶」，應該劃分開來，分別管理。這樣的處理方式似乎很有道理，但卻忽略了資金的流動性和可替代性。總統先生也許並不在乎可以省下的這點「小錢」，但如果普通家庭都按照歐巴馬這樣的方式去理財，恐怕要多付一筆不菲的開支了。

心理帳戶與禮物行銷

曾經有段時間，我迷上了蘋果公司新推出的 Apple Watch，它不但可以精準顯示時間，還能夠感知心率、監測運動，同時可以連結 iPhone，收到簡訊、微信等，都可以在手錶上顯示出來，再也不用時時看手機有沒有收到訊息了。我也知道它的功能有限，無法完全替代 iPhone。如果訊息通知太多，也會讓人心煩（想想每當收到訊息時，手錶都會震動一下）。更重要的是，每次看到 Apple Watch 的標價，我都捨不得買，心裡總是告訴自己：「Apple Watch 沒什麼實際用途，還是不買了吧。」

幾個月後，我的生日到了，我終於決定買 Apple Watch 作爲給自己的生日禮物。那天，我像個小孩子般高興得手舞足蹈，戴著全新的 Apple Watch，時不時就抬起手腕看看時間和訊息通知。

也許你會問我，既然這麼喜歡，爲什麼不早點買呢？反正都是花自己的錢。然而，如果我在平時買了，這就是從日常開銷中支出的，我會覺得有些浪費。但是，作爲生日禮物，這就是一筆特別的開銷，我會更加捨得花錢，這就是「心理帳戶」的奇妙邏輯。

在這個例子裡你會發現，不同的心理帳戶，對價格的接受程度是不一樣的。比如，在「日常開銷」帳戶裡，人們可能覺得一件東西貴，但如果把它歸類到「禮物」這個帳戶裡，它忽然就不那麼貴了。這意味著，如果人們把一件商品看成禮物，對價格的接受度就會跟著提高。

對企業來說，這是一個好消息。如果某件產品作爲「日常用品」不太好賣，可以把它包裝起來，作爲「禮物」來賣。這正是利用了人們對「心理帳戶」劃分的主觀性，一件商品既可以看成「日常用品」，也可以看成「禮物」。所以，問題的關鍵在於改變人們對這筆消費的感知和帳戶歸屬。

八〇年代初，雀巢咖啡在進入中國市場時，就曾經遭遇銷售上的阻力。習慣喝茶的中國消費者沒有購買咖啡的習慣，而雀巢咖啡動輒幾十元人民幣的價格也讓很多消費者望之卻步。如何解決這個問題呢？

雀巢的行銷團隊發現，所謂價格的「高」與「低」，只是相對的概念。他們對中國市場進行調查時發現，中國人熱中送禮，而且在禮物上尤其捨得花錢。在中國的人情社會裡，禮物是建立並維持人際關係的重要手段。送禮關乎個人的面子，因此多花點錢也値得。由此，一個行銷雀巢咖啡的絕佳創意誕生了：把雀巢咖啡作爲禮物，而不是日常飲品來銷售。

雀巢的行銷人員決定從兩個方面來解決雀巢咖啡的滯銷難題。

第一，把雀巢咖啡作爲「禮物」來行銷，可以減少人們因對它不熟悉而產生的抗拒心理。在八〇年代初的中國，咖啡是名副其實的「洋玩意兒」。把它包裝成禮物，正符合咖啡帶給人們的新奇感和趣味感。

第二，把雀巢咖啡塑造成禮物，改變的是人們對它所屬「心理帳戶」的認知。從「日常飲品」變成「禮物」之後，人們不但不會嫌它貴，反而希望它價格高一些，好彰顯送禮的面子和分量，這就讓雀巢咖啡的高價變得合理了。很明顯，雀巢咖啡在心理帳戶歸屬上的變化，讓原本的缺點變成了優點。

那麼，在眾多商品中，爲什麼人們會選擇雀巢咖啡作爲禮物呢？這從根本上取決於送禮行爲的特點。在對送禮行爲的研究中，塞勒教授還發現，送奢侈品或享樂品作爲禮物，比送同等價值的實用品或現金更受人歡迎。也就是說，花同樣的錢，買奢侈品或享樂品來送人，比送實用品或現金效果要好得多。

其實我們的生活經驗也證明了這一點。任何一個談戀愛的小伙子都知道，送一束鮮花給女孩子，比拎一袋米給對方的效果要好得多，即使兩者在價格上是一樣的。

美國職業盃橄欖球賽

另一個典型的例子是美國的職業盃橄欖球賽。所謂「職業盃」，其實是美國國家橄欖球聯盟組織的明星賽，因此球員們並沒有義務一定要參賽。

很長一段時間裡，美國國家橄欖球聯盟用高達十萬美元的現金獎勵來吸引明星球員們參賽，但效果平平。因爲每年職業盃的比賽時間安排在知名的「超級盃」冠軍賽之後的一星期，很多球員都不願意參加。畢竟剛剛打完冠軍賽，球員們體力下降，都希望休息。對於年薪幾千萬美元的明星球員們來說，十萬美元的現金獎勵明顯缺乏吸引力。那麼，怎樣才能鼓勵球員們參賽呢？

美國國家橄欖球聯盟最終想到了辦法，它把職業盃的比賽地點固定安排在度假勝地夏威夷，並且承諾向每名參賽球員贈送兩張往返的頭等艙機票（其中一張是給他的女友或妻子），外加免費的幾天豪華飯店住宿和餐飲。這個辦法收到了意想不到的效果，多數大牌球員的態度都發生了轉變，即使沒有現金獎勵，也都主動報名參賽。同時，從二〇一〇年起，美國國家橄欖球聯盟還把職業盃的比賽時間移到了冠軍賽之前的一個星期，同樣受到明星球員的歡迎。

是什麼讓這些明星球員的態度發生改變了呢？為什麼高達十萬美元的現金獎勵無法吸引大牌球員參賽，而免費的頭等艙機票和豪華飯店就可以？其實，這同樣是「心理帳戶」在發揮作用。

事實上，兩張頭等艙機票和幾天的豪華飯店費用根本不到十萬美元。從理性上說，明星球員們完全更應該爲了現金獎勵而參賽，然後用現金獎勵的一部分就可以去夏威夷度假了。

但是，由於心理帳戶的影響，明星球員們把「現金」和「度假」看成不同的帳戶。對他們來說，他們的「現金」帳戶不缺錢，即使高達十萬美元的現金獎勵也無法吸引他們參賽。然而，明星球員平時很缺「度假」，因此，免費度假就對他們更有吸引力，即使從理性的角度看，其價值小於現金獎勵。

無獨有偶，中國的CBA近年來也開始舉行全明星籃球賽，但球迷選出的明星球員們卻不一定願意參賽。二〇一三年二月十八日，歷屆CBA全明星賽的票王，創造得票歷史紀錄，獲得兩百二十多萬票的崔西．麥葛瑞迪卻對外宣布，由於個人因素，將放棄參加全明星賽。無疑，麥葛瑞迪的退出，讓二〇一三年的CBA全明星賽大打折扣，吸引力一落千丈。中國籃協丟了面子，球迷們也興致大減。在球迷們再次失望的同時，也許中國籃協可以從美國職業盃比賽中吸取經驗和教訓。

或許，把CBA全明星賽改到度假勝地海南三亞舉行（二月正值寒冬，還有比三亞更吸引人的城市嗎？），並爲明星球員贈送兩張頭等艙機票和免費的度假飯店，就可以大大提高明星球員參加CBA全明星賽的機率了。如果大多數明星球員參賽，不僅可以大大提高人氣和影響力，還可以提高門票、廣告和電視轉播收入，最後收獲最大的還是中國籃協。

《紐約客》的禮物行銷

凡是具備奢侈或享樂屬性的商品，大多適合透過禮物行銷來增加銷量。我在美國工作時，喜歡看一本叫《紐約客》的雜誌。這是一份很有個性的刊物，經常發表長篇文章，當讀者逐漸適應並習慣閱讀這些深奧的文章之後，閱讀《紐約客》就成了一種享受。

不像大多數的刊物，《紐約客》的文章精彩而鞭辟入裡，分析問題時一針見血，淋漓盡致，文字卻又如時裝般剪裁精細。曾經有人仔細推敲《紐約客》刊載的文章，發現竟然無法多增一字或減一字。因此，《紐約客》也成了美國雜誌中公認的「奢侈品」。

然而，成爲奢侈品也有它的痛苦，那就是很多消費者會被它的高價嚇跑。於是，《紐約客》雜誌採用了禮物行銷策略，它邀請訂戶爲自己的家人或朋友訂閱《紐約客》，把它作爲「最好的禮物」饋贈於人，這比直接鼓勵人們訂閱雜誌更有吸引力。《紐約客》刊載的優質文章，它高昂的零售價，每期七．一九美元，以及它的高端品牌定位，都增加了人們對它作爲「禮物」的價值認知。送這樣的禮物，既有分量，又有面子。由此看來，送禮的確是一門大學問，無論是在東方或西方皆如此。

在中國，高端財經雜誌如《哈佛商業評論》中文版、《清華管理評論》《北大商業評論》等也都定價高昂，每期五十至七十人民幣。然而，最近幾年，隨著智慧型手機和行動上網的普及，這些高端財經雜誌的日子也都不好過了，發行量急劇減少，廣告收入也大幅降低。畢竟，對大多數人來說，能夠在微信公眾號上免費閱讀的文章，爲什麼還要花這麼高的價錢訂閱紙本呢？然而，不可否認的是，如果能夠免費獲得這些高端雜誌的紙本，很多人還是更喜歡閱讀紙本的。或許，這些高端雜誌也應該學習一下《紐約客》雜誌的禮物行銷策略。

郵寄退款的藝術

在美國買東西，你會發現，除了打折促銷之外，商店還經常提供一種叫「郵寄退款」的促銷方式。這是什麼呢？就是在你買了東西之後，還需要填寫一張郵寄退款表格，和購物憑證的影本一起寄回給廠商，廠商收到後會寄給你一張支票。

比如，你看上一台標價九百九十九美元的筆記型電腦，廠商在促銷時會告訴你，在本週末之前購買，可以獲得兩百美元的郵寄退款。你買完東西之後，只要在廠商規定的時間之內將退款表格塡好寄出，就會收到廠商寄來的兩百美元支票。這樣，本來九百九十九美元的筆記型電腦，扣掉兩百美元的郵寄退款之後，只剩七百九十九美元，相當於打了八折。

既然如此，爲什麼不直接八折，讓顧客支付七百九十九美元呢？既然是現場支付，爲什麼不在購買的時候直接完成結算，還要等顧客塡表郵寄，再等廠家寄回？這樣來回郵寄退款，豈不是給雙方都添了很多麻煩？

郵寄退款的出發點在於廠家掌握了顧客的心理特點，而這種特點與「心理帳戶」息息相關。我們不妨來分析一下，直接打折和提供郵寄退款究竟有什麼不同：

一、直接打折，顧客在購買時支付七百九十九美元，用數字表示就是：－799 美元。

二、郵寄退款，顧客在購買時支付九百九十九美元，後來又收到廠商寄來的兩百美元，用數字表示就是：－999 美元＋200 美元。

以上兩種情況究竟哪裡不同呢？對於廠商來說，這兩種情況是一樣的，最終都從顧客那收到七百九十九美元。但是從顧客的角度來說，情況就不同了。在第一種情況下，顧客只啓動了一個心理帳戶，那就是支出帳戶；而在第二種情況下，顧客則啓動了兩個心理帳戶，分別是支出帳戶和收入帳戶。

雖然兩種情況收支的最終結果相同，但顧客卻經歷了不同的心理過程。買東西的時候，單純的支出會讓人感到不愉快，覺得自己只是在花錢。但如果在支出的同時還伴隨著收入，哪怕只有一點點，也會沖淡和減弱人在花錢時感到的痛苦，這就是郵寄退款的意義。

從本質上說，郵寄退款是「心理帳戶」在商業上的一種應用，它的存在帶給我們一個啓示：有時候把一筆帳算得太清楚未必是件好事。看起來可以合併結算的帳戶，也許不應該合併，甚至聰明的企業應該主動把它們分開來，讓顧客同時啓動多個心理帳戶，讓自己的產品變得更好賣。

收益和損失怎麼結算？

上述關於郵寄退款的例子讓我們看到，人們在面對多個收益或損失的不同心理帳戶的時候，合併結算或分開結算，對消費者的心理有很大的影響。那麼，究竟什麼時候應該合併結算，什麼時候應該分開結算？

一九八五年，塞勒教授在《行銷科學》學報上進一步提出了心理帳戶中，多個收益和損失帳戶合併或分開結算的普遍規律：

一、如果是多個收益，那麼應該把多個收益分開，而不是將它們合併，因爲分開結算會使人們覺得收益更多。例如，你今天在路上撿到一百元，不久後又撿到一百元，會比一次撿到兩百元更讓你開心。

二、如果是多個損失，那麼應該把多個損失合併，而不是將它們分開，因爲合併結算會使人們覺得損失更少。例如，你今天收到一張停車罰單三百元，不久後又收到一張停車罰單三百元，這會比一次收到六百元的罰單更讓你不開心。

三、如果是大收益伴隨著小損失，那麼應該把損失和收益的心理帳戶合併，而不是將它們分開，因爲合併之後還是獲益。例如，你今天在地上撿到一千元，但不久後收到一張停車罰單三百元，與此相比，一次撿到七百元會讓你更加開心。

四、如果是大損失伴隨著小收益，那麼應該把損失和收益的心理帳戶分開，而不是將它們合併，因爲分開有利於讓人們感受到小收益這個「一線生機」，減弱人們因爲損失而感到的痛苦，讓損失變得更容易接受。例如，你今天丟了一千元，但不久後撿到一百元，與此相比，一次丟了九百元會讓你更加不開心。

掌握了這些規律之後，我們一起來看看企業可以如何應用這些規律。

韓國烤肉館的小菜

在美國紐澤西州的春田市有一家非常不錯的韓國烤肉館，當地的韓國人都喜歡光顧這家店，但由此引起的不便是用餐的客人非常多，經常要排隊進場，上菜也要等很久。儘管如此，我的幾個韓國朋友還是樂此不疲，每隔幾天就要去那裡吃頓飯，也許眞的是家鄉菜讓人抵擋不住吧。

去得多了，我也覺得奇怪，紐澤西的韓國餐館不少，爲什麼就這家的生意特別火紅？爲什麼人們非要踩破門檻來這裡吃飯不可，而不去隔壁幾家在我看來也不錯的韓國餐館呢？終於有一次，一個韓國朋友的一句話爲我提供了線索。

那次，我們去吃午飯的時候已經是下午兩點了，餐館裡人還是不少。坐下來之後，我問他：「每次吃飯都要等這麼久，爲什麼不去別家餐館呢？」

他看著我迷惑不解的表情，哈哈大笑道：「在這裡等待的時間並不長啊！」他指著桌上一碟一碟的小菜，告訴我：「這家餐館免費提供的小菜是紐澤西所有餐館中最好的。每盤小菜都做得精緻美味，我每次吃他們的小菜都快吃飽了，而且，吃完了不用我提醒，他們就會自動送上多份小菜，多實惠啊！」

我不禁啞然失笑，原來這家餐館也運用了「心理帳戶」的原理，讓顧客在花費時間等待、花錢吃飯的同時也得到一些好處，那就是各種免費的美味小菜。客人先吃了免費的小菜，自然不會覺得等待的時間長了。同時，這家餐館還經常爲老主顧現場製作特色菜，免費奉上，我們就碰到過好幾次。當服務生端來一盤熱騰騰的砂鍋牛尾湯，說是特意爲顧客免費準備的，這樣的禮遇怎能不培養顧客的忠誠和熱情？

韓國餐館的小菜其實已不是什麼祕密。去北京的韓國餐館吃飯時，店家一樣會端上一盤盤免費的小菜，然而，小菜是否美味，以及製作是否精心，卻是考驗一家餐館生意好壞的細節所在。在北京的韓國餐館吃飯時，桌上的小菜吃完了，很多餐館並不會主動爲顧客補充。所以，有一次我在北京世貿天階的一家韓國餐廳吃飯時，四盤小菜中的一盤醃蘿蔔剛剛吃完，服務生就主動補上一盤，並微笑著說：「您喜歡醃蘿蔔啊？」我心裡頓時暖洋洋的。

小菜看似微不足道，卻體現了韓國人對於人情世故的理解和領悟，它代表著一種推而廣之的人情意識，這樣的意識讓一筆交易看起來不那麼冷冰冰，在原本平淡的關係中注入了一絲暖意。相比之下，很多在美國經營的中餐館顯然還沒有掌握這個道理，顧客最多也只能指望在飯後嚼兩口餐廳送上的幸運餅乾了。

最近幾年非常流行的海底撈火鍋，其實也是運用了和韓國餐館免費小菜相同的理念。顧客在排隊等待時，能享受到免費的各種點心和飲料，甚至還可以享受免費的棋牌娛樂和按摩、美髮、修甲、擦鞋等服務，顧客能不喜歡海底撈嗎？難怪海底撈火鍋名聲大振，成爲北京少數可以二十四小時營業、任何時候都顧客盈門的餐廳。海底撈火鍋展店迅速，目前已有上百家，並於二〇一八年在香港成功上市。今天，海底撈市值高達兩千億港幣，董事長張勇也從二十多年前的路邊麻辣燙攤主，變成身價高達一千三百多億人民幣的餐飲業首富。

除了韓國餐館的小菜，「心理帳戶」在生活中還有很多類似的應用。比如辦健身房的會員卡，買十二個月送一個月，那附贈的一個月本質上也是一種「小菜」。再比如在百貨公司買衣服，買大衣就附贈一條圍巾，也會讓顧客非常高興。這些做法的共同之處，就是同時啓動顧客心裡的「支出」帳戶和「收入」帳戶，讓原本令人感到痛苦的花錢行爲變得容易接受。

電視購物廣告成功的祕密

有句話說「沒有賣不出的產品，只有不會賣的人」，每次我看到電視購物廣告的時候，總會想起這句話。

電視購物廣告充斥著各種形式的推銷，產品從女士的除斑霜、洗面乳，到保健食品、跑步機、手機等，不一而足。電視購物廣告大都播放時間較長，遠沒有十五秒或三十秒的電視廣告緊湊吸引人，內容也經常是同樣的訊息輪番重述，極易引起視覺和聽覺疲勞。但是，即便是這樣缺乏生動和美感的廣告，卻能夠實實在在地爲企業解決問題，實現銷售。從這個意義上說，它又是成功的。

那麼，這種飽受詬病卻又行之有效的推銷形式，是如何在消費者身上發揮作用的？電視購物廣告之所以能夠順利地把產品賣出去，它的成功祕訣又是什麼？

如果我們從「心理帳戶」的角度來解讀電視購物廣告，就會發現它把心理帳戶的理論發揮到了極致。電視購物廣告並不是依賴低價來打動消費者，而是透過不斷地向觀眾推出贈品，塡補消費者心中的「收益」帳戶。電視購物廣告不是只送一、兩件東西，而是持續拋出新禮物，不斷強化消費者心中對收益的感知。

比如，下面就是早些年一款手機的電視購物廣告：

原價八千九百九十九人民幣，打折到兩千九百九十九元，並贈送：

一、八百八十八元通話費

二、價値五千八百八十八元的數位攝影機

三、價値兩千六百八十八元的平板電腦

四、價値六百八十八元的公事包

五、價値兩千五百八十八元的ＧＰＳ

六、價値一千兩百八十八元的ＤＶＤ播放器

七、如果三十分鐘內打電話進來，還有驚喜大禮

由此可見，在電視購物廣告裡，這些禮物並不是一次送出，而是一步步戲劇化地展現在觀眾眼前。正當顧客以爲已經看到了所有禮物，準備打電話訂購時，主持人又抓準時機推出一個贈品；正當顧客以爲廣告快要結束時，還有大禮相送……顧客心裡自然會計算：在「支出」不變的情況下，「收益」隨著贈品的數量不斷攀升。贈品

越多，觀眾也會越傾向購買。可見，電視購物廣告之所以能夠說動顧客掏錢消費，在於它利用心理帳戶，增加了購物的收益感知。

近些年開始流行的直播帶貨其實也是類似的道理。所以，如果你有一天發現自己盯著手機，被那些直播購物吸引，不用覺得奇怪，並不是只有你才會這樣。電視購物廣告或直播購物會在消費者身上發揮作用，正是因爲它掌握並運用了心理帳戶的基本規律。

是省錢還是花錢？

巴爾扎克寫過一本小說《歐也妮．葛朗台》，書中的老葛朗台是個極度節省的人，家裡從來不買肉和菜，而是等著佃戶送上門，到了晚上捨不得點蠟燭，冬天也不生火取暖，甚至連麵包都要定額定量分配。

這樣的故事在今天也有現實的版本。美國電視台曾經報導一位生活在紐約曼哈頓的女士，每個月只花十五美元。她是如何做到的呢？這位女士從來不買衣服，不在外面吃飯，連晚餐也經常是從高檔超市扔掉的食品中揀來的，節約的毅力可謂驚人。

無獨有偶，上海的一對夫妻被報導全年只花兩萬人民幣，他們自己有房，沒有房租，沒有孩子，不上班，不交際，被稱爲最近流行詞「躺平」的先驅者。

然而，這樣的節儉，終究屬於極端情況。在現實生活中，大多數人是沒辦法節儉到底的。換言之，人們總是會選擇在某些事情上節儉，而在其他的事情上大方。比如父母自己省吃儉用，卻給孩子報名學費高昂的鋼琴課。很多中國人平時節衣縮食，但請客吃飯的時候卻從不寒酸。再比如剛剛開始工作的女孩子，寧可節省幾個月的飯錢，也要買名牌包。在某一件事上節約，就不免在另一件事上慷慨。要做到徹頭徹尾的節儉，眞的很難。

如果從傳統經濟學的觀點來衡量，就可以看到以上行爲的不合理之處。因爲無論是哪種花費，都是用相同的錢在支付。既然在一件事情上節約，在其他的事情上也不應該浪費。如果省吃儉用的同時還大把花錢，那麼省吃儉用又有什麼意義？

然而，這種看似非理性的現象也恰恰印證了「心理帳戶」的存在。如果人們在頭腦中沒有爲各種花費設立不同的帳戶，他們的花錢態度就不會呈現出如此大的差異了。

比如旅行消費。有一年，我去義大利出差，當地朋友帶我在米蘭城區觀光。時值聖誕假期前夕，到處都很熱鬧。米蘭城區最知名的精品店裡，總能看到很多中國遊客的身影。要離開義大利的時候，在羅馬機場排隊辦理退稅手續的中國人絡繹不絕，而且幾乎全是中國人。義大利朋友很不理解地說：「你們中國人這麼喜歡買東西嗎？我們這裡過聖誕節也沒這樣買東西的。」

「這裡的價格比中國國內至少便宜三分之一呢。」我對他解釋道。

確實，動輒幾千歐元的皮包和時裝，在義大利人看來也算奢侈消費了，但在中國消費者的眼中卻是「省錢」。這就是不同的「心理帳戶」帶來的結果。

在義大利人和全世界都驚嘆中國人購買奢侈品的大方時，另一方面，中國人卻又非常節儉。例如，義大利人出國旅遊時總希望住一流的飯店，吃最好的食物，這些在他們看來屬於「度假消費」，是省不了的錢。而中國遊客在這一點上卻相反，他們會在住宿和吃喝上節約開支。爲了節約開支，他們經常選擇住小旅店或郊區的旅館，吃帶去的泡麵，然後在奢侈品店血拚。在義大利人看來，這的確是不可思議。好不容易抽出時間來度假，爲什麼要把自己弄得這麼勞累呢？

顯然，對於中國遊客和義大利遊客來說，他們都有管理各項旅行開支的心理帳戶。但是，如何將開支分類，記入不同的帳戶，兩者卻有很大的差別。

這些看不見的、植根於我們心裡的帳目，是收入還是支出，是算作奢侈品消費還是必需品消費，是節慶消費還是平日開銷，都會對我們的消費決策產生奇妙的影響。

飯店的無線上網，免費還是收費？

我經常去國外出差，辦理入住的時候，發現有些飯店免費提供無線上網，有些飯店無線上網則要收費。

我注意到一個特點，在房價相對較低的飯店，上網通常是免費的。而在那些房價較高的飯店，特別是一些五星級飯店，上網經常還會單獨收費。我最近一次去義大利出差，住在米蘭一家知名的五星級飯店，辦理入住的時候，服務生告訴我，如果在房間使用筆記型電腦上網，每天需多付二十七歐元；如果使用手機上網，則需要多付九歐元；如果使用多部設備上網，則需要按設備數量加倍收費。

這聽起來的確很不合理，消費者已經支付高額的房價了，卻還要爲上網這樣的一般服務支付更多費用。更何況，上網設備對飯店來說屬於固定投入，多一個客人使用，並不會增加飯店的費用。

既然如此，爲什麼那麼多飯店還是會單獨收費？這只是偶然嗎？在這種做法的背後，是否也有消費者行爲學的規律在支持？

如果從「心理帳戶」的角度思考，這個問題就容易理解了。一般來說，入住豪華飯店，在人們心裡屬於享樂消費或商務消費。人們對於享樂消費的管控是比較鬆的，就好比在法國餐館吃一頓燭光晚餐，你不太可能會介意一杯香檳有多貴，因爲你在心理上已經爲這筆花費做好準備了。如果是商務消費，那就更不在乎費用了。

如果入住的是經濟型飯店，這在人們心裡屬於實用消費。人們對於實用消費的管控都比較緊，一旦超出一定標準就不願意消費了。所以對經濟型飯店來說，如果對無線上網單獨收費，更容易引起客人的不滿。

於是，就出現了有趣而矛盾的現象，豪華飯店讓客人支付更高的價錢，各種服務卻還要單獨收費，比如早餐、上網、列印；經濟型飯店給客人提供優惠的價格，又涵蓋了很多免費的服務，卻沒有因此而得到回報，收取額外的費用。歸根結底，這還是「心理帳戶」在發揮作用。

結語

人們經常認為金錢是無所不能的交換媒介，但「心理帳戶」卻說明，在我們心裡，金錢並不是一個絕對的概念，每一筆錢都是不一樣的。心理帳戶的存在，讓每一筆金錢都具備了特定的意義，而它的變化，則決定了每一筆金錢將如何流轉。

心理帳戶對企業有怎樣的啟示呢？雖然說追逐帳面上的利潤很重要，但更重要的是看到存在於利潤背後、消費者心中那筆隱性的帳。我們要鼓勵每一位企業家和企業高層，細緻入微地研究消費者心裡的這本帳。因為只有深入理解並掌握這本帳，企業才能找到自身持續獲利和進步的泉源。

第八章

交易效用

網購為什麼瘋狂？

為什麼又累又渴，也不願意多花錢買礦泉水？
為什麼有些汽車配備明明沒用，你還是會裝？
為什麼預先蓋好兩枚消費章的「買十二送一」集點卡，
比單純的「買十送一」集點卡更受消費者青睞？

「交易效用」告訴我們，大多數人心裡的交易效用都是按照相對倍數或百分比來計算。對最終花費來說，這種計算方式常常是不理性的。

瘋狂網購的光棍節

前些年，中國人很自豪的一件事是創造了一個新的節日：光棍節。十一月十一日被稱為光棍節，源於這日期裡有四個阿拉伯數字「1」，形似四根光棍，而光棍在中文裡有單身的意思。

光棍節的起源有多種說法，廣為認可的一種說法是它起源於一九九三年，南京大學一個學生宿舍裡，四個男生閒聊的一句玩笑話：「十一月十一日就叫光棍節吧！」

然而，最近這幾年，光棍節卻與網路購物「聯姻」，變身熱火朝天的網購狂歡節，估計這是當年戲稱十一月十一日為光棍節的四個男生無論如何也想不到的。

數據顯示，二〇二〇年十一月一日至十一日，天貓雙十一全球狂歡季總成交額四千九百八十二億人民幣，是二〇二〇年全球最大百貨公司北京SKP全年銷售額一百七十七億元的二十八倍！

不僅是十一月十一日光棍節這一天，網購現在已成為越來越多人每天不可或缺的上網活動。前陣子，我和一位剛剛博士畢業不久的商學院女教師討論研究，她告訴我，她對消費者的網購行爲特別感興趣，因爲她自己就有親身體會。她幾乎每天都會上淘寶看一看，經常看到不錯且便宜的服飾，就忍不住手癢而出手購買，每次下單和收到包裹時都特別興奮。她有點不好意思地告訴我，她似乎對網購有點上癮了，幾乎每天都在淘寶上花超過一個小時，想起來挺浪費時間的。

事實上，我也有過類似的經歷。我在美國讀博士的時候，有一段時間也相當著迷於購買打折或特價的東西，特別是上網尋找各種特價優惠。美國的零售企業經常有各種促銷活動，包括常見的特價、折扣、優惠券、郵寄退款等，更令人心動的是一些網路零售企業標價錯誤。這些優惠訊息通常在一些特價優惠論壇上，被第一個發現的用戶貼出來，其他成千上萬的用戶一看到就會立刻行動。所以，如果你看到特別好的優惠，必須馬上行動，因爲優惠商品很快就會斷貨，或者商家發現自己的標價錯誤後主動結束。

「血拚」黑色星期五

美國企業打折最厲害的日子莫過於每年感恩節（十一月的第四個星期四）後的

「黑色星期五」了。這可不是西方基督教裡不吉利的十三號黑色星期五，而是指感恩節後的第一天。這天也代表聖誕採購季正式開始，是每年零售業聖誕採購季銷售業績的「晴雨表」，也是一年中各商家最看重、最繁忙的日子。

關於「黑色星期五」這一叫法的起源，較普遍的看法是，由於這天是感恩節後開業的第一天，人們通常從這天開始聖誕採購，很多商店顧客盈門，帶來大額進帳。傳統上，商家用不同顏色的墨水來記帳，紅色表示虧損，黑色表示盈利，所以把這一天叫作黑色星期五，期待會有盈利。

在黑色星期五這天，美國絕大多數商店清晨五、六點就開門，有的甚至提早到深夜十二點。商家會提早於感恩節幾天前就在報紙上刊登廣告，發放優惠券，用商品大幅降價等措施來吸引顧客。很多消費者把這一天看作準備聖誕禮物或買到便宜商品的黃金時刻。由於特價商品數量有限，很多熱門商店，如沃爾瑪、百思買，前一天晚上就會排起長龍。商店開門的那一刻偶爾也會因擁擠爭搶而釀成踩踏事件，因此，這個黑色星期五也就被消費者們稱爲「血拚」黑色星期五了。

我第一次體會「血拚」黑色星期五，是去知名辦公用品連鎖店史泰博。早上五點三十分，我比史泰博通知的開門時間六點提前半個小時到達門口，發現已有近百人在排隊，而且不少人居然是前一個晚上就來排隊。顯然，我第一次「血拚」，沒什麼經驗。我加入排隊隊伍之後，也陸續有人接著排隊，這又讓我感覺迅速變好，這顯然也是非理性的，因爲後面有多少人根本與我無關。排隊的人雖多，但隊伍還是很有秩序，很多人還帶上小折凳，顯然非常有經驗。

六點，商店大門一開，顧客如潮水般湧了進去。我當時並沒有具體的購買清單，但海報上有一些「免費」的商品很吸引我。例如，有一款Epson噴墨印表機價格是三十美元，減去零售商郵寄退款的十五美元，再減去製造商郵寄退款的十五美元，這不是免費嗎？不過，郵寄退款需要等一個月左右才能收到。史泰博的員工告訴我需要回家塡寫郵寄退款表格，並將商品條碼和收據影本一起寄給零售商和製造商的郵寄退款處理中心，就可以在大約一個月後收到支票。

雖然我不是很需要這台印表機，但「免費」對我來說太有誘惑力了。於是，我很興奮地買了一台「免費」的印表機。

爲什麼美國零售商喜歡使用郵寄退款，有時甚至會把價格不菲的商品「免費」送給消費者呢？很顯然，這是爲了吸引消費者去商店消費，還有什麼能比「免費」更吸引人呢？當消費者鎖定了便宜、甚至「免費」的商品，往往還會順便購買店裡其他琳琅滿目的商品，便能提高整體銷售額。

此外，美國零售商喜歡使用郵寄退款還有一個重要原因，消費者在購物時受郵寄退款的影響很大，即他們心中計算的商品最終價格是售價減去郵寄退款，但很多消費者最後卻因爲偷懶或遺忘，沒有將郵寄退款表格寄回去。據統計，大約有四〇％左右的美國消費者最後沒有將郵寄退款表格寄回企業。因此，這部分的折扣還留在企業，大大降低了企業的促銷成本，提高了利潤率。

除了電器或辦公用品零售商外，美國其他零售商也同樣非常善於利用大幅折扣、甚至「免費」促銷來吸引顧客。例如，超市爲了鼓勵顧客經常光顧，每週會在網站上或當地報紙上登廣告，將一些特價優惠提前告訴消費者。商家也經常會在社區發放傳單，上面印有大量優惠券，或是利用網站提供電子優惠券，讓消費者自行列印。有的優惠券甚至是免費贈送商品。當然，商家這麼做並不傻，這些優惠券往往有限定條件，例如消費必須達到一定額度。這樣的促銷可以鼓勵消費者購買其他商品，提高整體銷售額。

美國零售商對促銷的頻繁利用，使得很多消費者購物時喜歡找優惠，而網路的發達，又使得很多大幅打折、甚至「免費」的促銷訊息，在一些知名的特價優惠論壇上被用戶貼出來。在美國一段時間後，我也養成了喜歡找優惠的習慣，每天都會上這些知名的特價優惠網站，看到大幅特價或類似免費的優惠，就立刻購物，而且很多東西可以直接在網路上購買。那時候，幾乎每週我都會收到不少包裹。每次購物和收到包裹，都讓人非常開心。

慢慢地我也發現，自己在並不需要的東西上浪費了很多錢，當然也浪費了很多時間。博士畢業之後，我在美國紐約的一所大學任教，工作開始繁忙，漸漸地，開始沒有空看各種特價優惠網站了。

再幾年之後，我回中國工作，搬家的時候，發現家裡居然還有幾台根本沒開箱的印表機，好在多數都是我趁便宜、甚至「免費」購買的，所以送人也不心疼。

有了這番經歷，我現在對網購已不再感興趣，我的手機上甚至沒有支付寶。不過，當我聽到那位剛剛博士畢業不久的商學院女教師說她對網購上癮時，仍然不由得笑了。網購正是因爲經常提供大幅特價而吸引了大量的消費者。

交易效用

即使不是網購，在生活中，大多數人應該都有過因爲打折而購物的經歷。想想你家的衣櫃或鞋櫃裡，是不是有很多沒穿過的衣服和鞋子？是不是有不少是因爲特價而購買？買的時候，你是不是也很興奮，而很少考慮事實上你可能根本不需要它們？

一九八五年，芝加哥大學的理查．塞勒教授提出了著名的「交易效用」理論，解釋生活中很多人因爲優惠而購物的現象。交易效用理論提出，消費者購買一件商品時會同時獲得兩種效用：獲得效用和交易效用。其中，獲得效用取決於該商品對消費者的價值，以及消費者購買時付出的價格；而交易效用則取決於消費者購買時付出的價格與該商品的參考價格之間的差距，即與參考價格相比，是否獲得了優惠。

我在清華大學爲企業高階主管學員解說交易效用理論時，經常在現場做這樣一個實驗。

我問他們：「假設你正考慮買一台計算機，你發現某個牌子的計算機在你家附近商店，售價是一百人民幣，而同樣牌子、同樣型號的計算機，在離家步行十五分鐘的商店，售價是五十人民幣。你會爲了省五十元，步行十五分鐘去買五十元的計算機嗎？」結果，全班大多數學員都舉起了手。

接下來，我又問：「現在，你正考慮買一件皮衣，你發現某個牌子的皮衣在你家附近商店，售價是三千人民幣，而同樣牌子、同樣款式的皮衣，在離家十五分鐘的商店，售價是兩千九百五十元。你會爲了省五十元，步行十五分鐘去買兩千九百五十元的皮衣嗎？」結果，同樣是這些學員，但大多數人都沒有舉手。

這兩種情況都是用十五分鐘去交換五十元，爲什麼買一台一百元的計算機，大多數人都願意花十五分鐘的努力以省下五十元；而買一款三千元的皮衣時，卻不願意花十五分鐘的努力以省下五十元呢？這種看起來非理性的現象，違背了傳統經濟學原理，但是，交易效用理論卻可以解釋。

在上述兩個情境中，雖然都是省下五十元，但同樣的五十元帶給人們的交易效用差別卻很大。對於交易效用，人們考慮的是商品價格與參考價格之間的差價，占參考價格的百分比。所以，一台一百元的計算機，省下五十元，就相當於節約了五〇%；而一款三千元的皮衣，省下五十元，卻只節約了一．六七%。因此，大多數人在買一百元的計算機時，都願意爲了省五十元而花十五分鐘去更遠的商店，但是幾乎沒有人在買一款三千元的皮衣時，會爲了省五十元而去更遠的商店。

打折爲什麼受歡迎？

理解了這一點，就不難明白打折等促銷爲什麼有那麼大的吸引力。很多情況下，打折等促銷帶來的交易效用，是刺激消費者購買的主要原因之一。很多人的衣櫃或鞋櫃裡，都有不少因爲打折而購買，但幾乎很少穿過的衣服和鞋子。對於很多喜愛購物的女性來說，她們並不缺衣服或鞋子，但是打折這種交易效用帶給她們的購物快樂卻無法抵擋。因此，大多數商家進行降價促銷時，都會宣傳折扣，例如「全館三折起」，這正是最令消費者開心的。

這原理看起來簡單，然而，有些政策制定者卻不明白。二〇〇九年初，中國民航局旗下的中國航信曾經發出一個荒謬的規定，宣布今後出售的機票將不再顯示折扣，只顯示價格。殊不知這對航空公司並沒有什麼好處。不再顯示折扣比例，對消費者來說，降低了交易效用。消費者如果不自己計算的話，就不知道機票打了幾折。該規定很快便無果而終。

正因爲打折帶來的交易效用，對消費者有非常大的吸引力，有些零售商會用假的折扣來吸引消費者。這些商家門口掛著「最後一天，全館五折」「拆遷大拍賣，全館一折起」之類的廣告旗幟以吸引顧客，事實上，如果你經常走過那裡，會發現那旗幟幾乎天天掛著。這些商家只是將商品的原價調高，再加上折扣，這樣不但有較大的折扣可以吸引消費者，較高的原價還可以給消費者商品品質較好的錯覺。當然，這種假的折扣在中國和很多國家都是違法的。消費者一定要精明些，不要被這些假的折扣訊息欺騙。

旅遊區的礦泉水

打折等促銷優惠帶來的交易效用給消費者很大的購物樂趣，也經常讓消費者購買很多他們其實並不需要的東西。不過，也有相反的情況，當商品的售價高於參考價格時，交易效用就變成小於零，這種「負交易效用」可能會讓消費者捨不得購買他們其實很需要的東西。

多年前，我和家人去泰山旅遊。那時泰山的門票已經是一百二十五人民幣了，確實不便宜，不過，泰山的雄偉也確實名不虛傳。登泰山而小天下，特別是在玉皇頂上感受天地人、風雲雨，不由得感嘆人在歷史和自然面前的短暫與渺小。然而，在攀登十八盤時，烈日當空，我氣喘吁吁，又渴又累，看到一旁的攤販在賣礦泉水，就過去想買些水。雖然也明白旅遊區的礦泉水會貴一些，但沒想到攤販主人獅子大開口，一瓶超市裡人民幣一元的普通礦泉水，在這裡居然要價十元！想到這個價格和平常相比實在太貴了，於是我忍住口渴，繼續登山。

爲什麼我願意花一百二十五元買泰山門票，卻不願意在十八盤花十元買瓶礦泉水，即使當時我又渴又累？這就可以用交易效用來解釋。一百多元的泰山門票雖然不便宜，但現在知名景點都是如此高價，例如黃山的門票是兩百三十元，曲阜「孔廟、孔府、孔林」三孔的門票是一百五十元，平遙古城的門票是一百二十元，所以花一百二十五元買泰山門票，我心裡並沒有負交易效用。

相反，一瓶平時一元的普通礦泉水，在十八盤卻要價十元，這高價給了我很大的負交易效用，所以，即使當時我又渴又累，非常需要水，也不願意買。由此可見，由於商品售價高於參考價格而造成的負交易效用，會阻礙消費者購買商品，即使該商品對消費者來說非常需要。

雖然一瓶礦泉水賣十元確實遠高於參考價格，但如果以花費的絕對值，而非相對倍數來計算，其實也就是多花九元。多花九元就可以讓我得到當下非常需要的水，不必忍受口渴之苦。這九元對我和大多數人來說，完全可以不必那麼在乎。

由此可見，正如我在清華大學對企業高階主管學員們做的實驗一樣，大多數人心裡的交易效用都是按照相對倍數或百分比來計算。而這種按照相對倍數或百分比計算的方式，常常不是理性的。

新車配備爲什麼經常被唬弄？

如上所述，按照相對百分比來計算，可能導致人們非理性的購物行爲。還記得你買第一輛新車時的經歷嗎？很多人買第一輛新車時，都容易被業務員唬弄，而買了較貴的汽車保險、GPS、音響、娛樂系統，以及鋪塑膠地板等。事後，很多人都發現同樣的汽車保險、GPS、音響、娛樂系統，在別的地方買便宜許多。甚至，有些配備不僅沒用，還是花錢買罪受。例如鋪地板的膠水基本上都是甲醛，也許，爲了自己的健康，車行免費替你的新車鋪地板，都應該拒絕。

事實上，人們買新車時之所以容易被業務員唬弄，而買了較貴或不需要的汽車配件或裝飾，就是因爲人們喜歡按照相對百分比進行計算。與一輛新車的價格（一般的車也要五十萬、一百萬元）相比，汽車配件或裝飾的價格（一般就幾千、幾萬元）顯得非常低，不過多花五%左右的錢而已。再怎麼說，這都是新車，總要愛惜一些是吧？於是，花幾千、幾萬元買些配件或做個裝飾，對你來說便顯得微不足道了。

如果是在平時，要花幾千、幾萬元買這些配備，你就會理性和慎重得多，因爲這對你來說也是一筆不小的開銷。

集點活動可以怎麼設計？

人們喜歡按照相對百分比來計算，這種傾向非常普遍。

二〇〇六年，我和我在哥倫比亞大學的博士論文導師朗·奇維茲教授，以及師弟芝加哥大學的歐列格·爾明斯基（Oleg Urminsky）教授一起在《行銷研究學報》上發表了一篇論文。在這篇論文裡，我們發現，在企業常用的集點活動中，消費者對於自己離獎勵還有多遠，是按照百分比進行計算的。而且，企業可以積極利用這一點，提高消費者對集點活動的興趣。

當時，哥倫比亞大學校園裡的一家咖啡廳找我們諮詢如何提高顧客忠誠度，因爲星巴克咖啡已經在校門口開店，讓這家咖啡廳面臨巨大的競爭壓力。我們建議這家咖啡廳可以利用集點活動來吸引顧客。

活動中，每個顧客都可以獲得免費的集點卡，每購買一杯咖啡，就可以在集點卡上蓋一個章，集滿十個章，就能免費兌換一杯咖啡或一份糕點。也就是說，這個集點活動是「買十送一」。

幾個月後，咖啡廳老闆很高興地跟我們說，他發現顧客的忠誠度和滿意度都明顯提高，銷售額也有顯著的上升。

當時，我們還做了一個實驗，看看顧客對於離獎勵還有多遠的相對感知，是否會影響顧客的購買行爲。

除了上述的「買十送一」集點卡，我們還設計了另一種集點卡。在這張集點卡上，顧客集滿十二個章，就可以免費兌換一杯咖啡或一份糕點，看起來，這個集點活動是「買十二送一」，不過，在這張集點卡上，一開始就蓋好兩個章免費送給顧客。因此，顧客也只需再集十個章就可以獲得獎勵。所以，這兩種集點卡只是表面上看起來不一樣，實質上對顧客和咖啡廳來說都是一樣的。

實驗是這樣開始的：我們讓咖啡廳員工隨機對顧客發放兩種集點卡中的一種，

並記錄發卡日期。每次顧客購買咖啡時都可以獲得一個章，而咖啡廳每天準備的章都不同，因此，根據集點卡上的章，我們可以知道顧客購買咖啡的日期。等顧客積滿十個或十二個章來兌換獎品時，工作人員則將集點卡收回，並記錄兌獎日期。

一個月之後，這兩種集點卡基本上都收回了。我們進行數據分析後發現，持有「買十送一」集點卡的顧客，平均花十五天購買十杯咖啡，而持有「買十二送一」集點卡，但免費獲贈兩點的顧客，平均只花十天購買十杯咖啡。儘管兩種集點卡對顧客和企業來說都是相同的，但後者使顧客更頻繁光顧咖啡廳，更快完成兌獎要求的購買次數。

爲什麼會這樣？因爲拿到「買十送一」集點卡的顧客，一開始的點數是零，離兌獎要求的完成度也是〇％（十分之〇）。相反，拿到「買十二送一」集點卡的顧客，一開始就獲得兩點，因此，他們拿到卡片時就已經完成了一七％（十二分之二）。雖然兩種集點卡一樣都需要再集十個章，但正是相對距離的不同感知，引發了顧客的不同行爲。

企業如何制定定價策略？

在激烈的市場競爭中，企業的定價決策往往可以決定產品或服務的暢銷程度。而要制定一個好的定價策略，企業必須深入了解消費者的心理。有些在數學上或經濟學上看來沒有任何差異的定價策略，卻可以給消費者完全不同的心理感受，爲企業帶來完全不同的銷售業績。

一、統合定價

有一年冬天，我和清華大學行銷系的同事們一起去北京郊區昌平小湯山一家五星級溫泉飯店泡溫泉，我們每人掏了兩百人民幣買票。剛開始還覺得水太熱，很快地適應水溫之後，就覺得冬天泡溫泉確實是一大享受。

然而，在溫泉裡泡了一段時間之後，我和同事們覺得口渴，這時，正好有服務生過來問我們要不要飲料。我們一看飲料單，好傢伙，比外面要貴很多！一瓶超市賣兩元的礦泉水，在這裡居然要二十元，整整是外面的十倍！其他飲料就更貴了。這不是「宰客」嗎？我和同事們都決定不買水或任何飲料。

時間正好也接近中午了，於是，我們離開了這家五星級溫泉飯店，去附近的農家樂餐廳吃飯。農家樂餐廳的飯菜味道眞不錯，價格還特別實惠。當喝著農家樂餐廳裡一罐五元的可口可樂時，我們都覺得剛才沒在五星級溫泉飯店裡買水或飲料實在太對了！

在後來的幾年裡，我們每逢冬天都喜歡一起去泡溫泉，但不再去那家五星級溫泉飯店了。不是因爲它的溫泉不好，而是因爲它那高昂的飲料價格。這家五星級溫泉飯店可能萬萬沒想到，把顧客趕跑的，居然是那並不太重要的飲料價格！

如果這家五星級溫泉飯店把定價策略稍微改變一下，例如把溫泉票價格提高到兩百二十元，然後免費贈送一瓶礦泉水，顧客的感覺是否會有所不同？從數學、經濟學、會計學、金融學等學科的角度來說，兩者沒有任何區別，但是，從消費者心理學的角度出發，你是否感覺到了不同？

對大多數消費者來說，兩百二十元的溫泉票與兩百元的溫泉票差別並不大，兩者價格只相差一〇％。北京周邊的溫泉票價格大多在兩百元左右，因此，花兩百二十元買張五星級溫泉飯店的溫泉票，對消費者來說仍是可以接受的價格，心裡不會產生負交易效用，而且免費贈送礦泉水還會讓消費者感覺很好。

相反，如果溫泉票賣兩百元，而礦泉水賣二十元，與兩元的參考價格相比，十倍的高價給了消費者非常大的負交易效用，所以消費者會拒絕購買，甚至會因爲飲料的高價而不再去這家五星級溫泉飯店泡溫泉。

類似的例子在各行各業中經常可見。例如飯店的住宿與早餐，多數消費者喜歡看到兩者統合的價格，例如一晚兩千四百元的四星級飯店，含一份早餐；而非分離定價，例如一晚兩千元的四星級飯店，以及一份四百元的早餐。

又如飯店的住宿與上網，多數消費者喜歡看到兩者統合的價格，例如一晚五千元的五星級飯店，含免費寬頻上網；而非分離定價，例如一晚四千五百元的五星級飯店，以及一天五百元的寬頻上網。如果消費者發現飯店的早餐或寬頻上網需要單獨付費，而且價格遠遠高於心裡的參考價格，他們心裡就會受到負交易效用的「煎熬」，甚至決定以後不再住這間飯店。

二、包月定價

與統合定價類似，很多服務業企業經常採取包月定價來吸引消費者，特別是電信業、健身館等。美國的電信公司就經常推出「無限分鐘」的方案來吸引顧客。例如，美國最大的電信公司之一AT&T就針對個人用戶推出以下三種方案：

A方案：每月三十九．九九美元，含任意時間撥打四百五十分鐘，以及週末和晚上五千分鐘。

B方案：每月五十九．九九美元，含任意時間撥打九百分鐘，以及週末和晚上無限分鐘。

C方案：每月六十九．九九美元，含任意時間撥打無限分鐘。

考慮到C方案僅比B方案多十美元，因此有大量消費者受到「任意時間撥打無限分鐘」吸引，紛紛選擇C方案。然而，對於很多選擇C方案的消費者來說，他們每個月根本用不完九百分鐘，B方案包含的分鐘數已經夠多。

三、年票定價

有一年夏天，我帶孩子去北京工人體育館的富國海底世界。在售票處，我發現門票價格很高，每張一百一十人民幣。正在考慮時，我發現也有販售年票，價格是三百八十人民幣，僅僅是普通票的三倍多。於是我決定購買年票，這樣一來，我一年只要來四次就賺了。

我領到一張寫有我名字的臨時年票，工作人員告訴我，下次再來時，要帶這張臨時年票、本人身分證和照片換取正式年票。我痛快地玩了大半天，感覺這次似乎沒花門票錢，因爲我想，這一年裡，我隨時可以再來！

然而，大半年過去了，我發現自己高估了再去海底世界的可能性。海底世界位在北京鬧區，交通擁堵，停車不便，我遲遲沒有再去。最後，一年過去，年票到期，我居然沒有再去過一次，連正式年票都沒去換。不是我忘記了，而是覺得單單爲了把年票錢賺回來再去一次海底世界並不值得。

四、每日定價

與年票定價相反，如果一個產品或服務總價太高，企業可以將總價除以時間，得到比總價低得多的每日價格，以降低消費者的感知價格和負交易效用。

例如，對於報社來說，「每天十元，當日報紙送到家」，顯然就比「一年三千六百元」有吸引力得多，從而提高消費者的訂報率。

又如，對於兒童醫療保險公司來說，「每天不到一杯星巴克，給孩子一個健康保障」，顯然也比「一年三萬元」有吸引力得多，從而提高消費者購買兒童醫療保險的可能性。

汽車公司也深諳此道。對很多人來說，豪華車不菲的價格總是讓消費者感覺離自己很遙遠。爲了讓消費者覺得豪華車的價格並不是那麼高，很多汽車公司也推出了分離定價。例如，奧迪公司推出奧迪A1時，在中國就曾經用「日付最低九十九人民幣」的廣告來吸引顧客。類似地，凱迪拉克大型豪華轎車XTS，也曾經用「日付僅需二十人民幣起」的廣告來吸引顧客。想想看，每天二十人民幣，就可以擁有美國總統官方座駕的凱迪拉克豪華轎車，你會不會動心？

定價策略對iPhone銷量的影響

二〇〇九年十月，中國聯通正式作爲蘋果公司在中國大陸的唯一合作夥伴，引進銷售iPhone 3GS。這也是iPhone系列手機第一次以公司貨的身分進入中國。爲了吸引高端用戶，特別是將中國移動的高端客戶吸引過來，中國聯通花了大筆預算進行宣傳和推廣。在北京，幾乎是一夜之間，所有公車站的廣告都換成了中國聯通宣傳iPhone 3GS的廣告：「聞名，不如見面。」在公車車身、機場、電視等媒體上，中國聯通推廣iPhone 3GS的廣告也是鋪天蓋地。

然而，儘管中國聯通對iPhone 3GS做了大量的廣告，中國聯通的iPhone 3GS一推出，卻只有五千人左右預約，根本達不到iPhone 3GS在美國市場一推出就有幾十萬人預約的火爆銷售程度。之後半年多的時間裡，中國聯通的iPhone 3GS銷量始終平平。

是中國人不喜歡iPhone 3GS嗎？當然不是。事實上，問題出在中國聯通對iPhone 3GS的高定價上。當時，聯通版的16G iPhone 3GS裸機高達五千八百八十人民幣，遠遠高於「水貨」大約五千人民幣的價格，而且聯通版的品質還更差，因爲當時聯通版的iPhone 3GS沒有無線上網功能。

結果可想而知，中國聯通花了大筆錢進行市場教育和推廣，結果消費者大多選擇購買「水貨」。中國聯通內部人士透露，到二〇一〇年四月底，雖然中國聯通辛辛苦苦推廣了大半年，聯通版的iPhone 3GS銷量卻不足三十萬部。要知道，二〇〇九年十月，中國聯通可是和蘋果公司簽訂了銷售兩百萬部iPhone 3GS的協議，大量的庫存積壓了中國聯通巨額的資金。

體會到定價策略的重要性之後，中國聯通吸取了教訓。二〇一〇年九月，中國聯通再次和蘋果公司合作，引進銷售最新的 iPhone 4。這次，中國聯通在定價策略上學聰明了，推出「零元購機」方案：如果顧客選擇每月兩百八十六人民幣的套餐，只要預存五千八百八十元，就可以零元購機，預存的五千八百八十元將作爲二十四個月的電信費。

試想，如果中國聯通換一種定價策略，iPhone 4 定價五千八百八十元，然後二十四個月電信費免費，效果會相同嗎？

從數學、經濟學、會計學、金融學等學科的角度來說，兩者沒有任何區別，不是嗎？數學上，我們都知道下面的等式是成立的：

手機〇元＋電信費五八八〇元＝手機五八八〇元＋電信費〇元

但是，從消費者心理學的角度出發，你是否又一次感覺到了不同？

當然不同。對於一部價值五千八百八十元的 iPhone 4，如果可以零元購機，對消費者來說，獲得的交易效用非常大，因此對消費者極具吸引力。

相反，如果是電信費免費，由於消費者對每月的電信費沒有明確的參考價格，感知到的交易效用將小得多，因此對消費者的吸引力也小得多。

此外，零元購機的定價策略還符合中國的國情。在中國，手機是商務溝通的主要工具，電信費在很多單位都可以報銷，手機費則不能報銷。因此，當中國聯通的定價策略是零元購機時，消費者預存的五千八百八十元就是電信費，是可以報銷的。如果中國聯通的定價策略是五千八百八十元購機，電信費免費，消費者得到的發票名目將是「手機」，在大多數單位是無法報銷的。

你或許會說，你的單位無法一次報銷五千八百八十元電信費。不用擔心！中國聯通還提供了第二個方案，即每個月開兩百四十五元的電信費發票，連開二十四個月。這樣報銷的難度就大大降低了吧？

因爲零元購機的定價策略，二〇一〇年九月，中國聯通開始銷售 iPhone 4 的三天之內，就賣出了近三十萬部手機，超過之前二〇〇九年十月到二〇一〇年四月，iPhone 3GS 半年多的總銷量。此後，聯通版的 iPhone 4 持續暢銷將近一年時間，在很多城市，消費者需要預約購買，而且預約後要等一到兩個月。

如果將零元購機的定價策略改爲數學上或經濟學上看起來沒有差異的零元電信費，恐怕就不會有這麼好的效果了。

正是從這次與蘋果公司 iPhone 4 的成功合作開始，中國聯通的 3G 用戶迅速增長，在 3G 用戶方面，成功挑戰了中國移動的霸主地位。

結語

關於中國經濟，很多人經常抱怨，在出口、投資和消費這三駕馬車中，消費所占的比例太低。然而，網路購物的飛速發展，以及光棍節的網購盛宴，卻讓我們看見了消費增長的希望。

其實，並不是消費者不願意消費，而是稅率太高，以及多數商家平時定價太高，抑制了消費。要不然，爲什麼有那麼多中國消費者跑去國外瘋狂購物？深圳的消費者甚至不辭辛勞到香港採購日用品？爲什麼很多大商場門可羅雀，但單單一個雙十一購物節，天貓的交易額卻能超過四千九百億人民幣？

事實上，很多中國製造的產品在國內的價格比國外高，如果政府能夠降低稅率，商家能夠調整定價策略，消費者也不會那麼緊緊地捂住錢包了，他們也會開始享受自己的購物天堂。

那一天如果到來，將是消費者、商家和政府的三贏！

第九章

錨定效應

好的開始是成功的一半

為什麼同樣的算術題，先看到數字1的人，
估算結果遠遠小於先看到數字8的人？
為什麼看到購買上限之後，人們會不自覺地增加購買數量？
為什麼加大薯條和可樂的容量，就能提高銷量？

「錨定效應」告訴我們，從喝水的杯子大小到計量單位，再到貨幣的兌換匯率，錨定點幾乎無處不在。它以一種隱蔽的方式存在於我們的生活裡，一旦固定下來，便會產生深刻又長遠的影響。

贏家的詛咒

你參加過藝術拍賣會嗎？如果沒有，你也一定看過這樣的場景：明亮寬敞的拍賣大廳裡，競拍者分排入座，在主持人展示拍賣品、報出底價後，競拍的遊戲宣告開始。競拍者輪流舉起手上的小牌子，報價一浪高過一浪，最後，出價最高者獲勝。

然而，這個時候，獲勝者的出價大多已遠遠超過拍賣品的實際價格。買家雖然在名義上贏了，卻要爲這場勝利付出不合比例的代價，或者說要做一筆虧本的買賣。經濟學上，把這種現象叫作「贏家的詛咒」。

最早注意到這種現象的是美國大西洋富田公司的三名工程師，「贏家的詛咒」一詞出現在七〇年代，最初是用來描述石油鑽探業界的一個普遍現象：某公司競標贏得某塊油田的鑽探權，實際上卻沒有賺到錢。

我們設想一下，在走進拍賣會之前，競拍者應該對兩個價錢心中有數：

一、對拍賣品實際價值的預估

二、爲了贏得拍賣打算成交的價格

在拍賣的過程中，面對多個競爭者，爲了贏得競拍，競拍者不得不一再提高報價。當其他買家都認爲拍賣價格已超出了他們對拍賣品價值的估計時，就會選擇退出拍賣，而剩下那個出價最高的買家。

換句話說，當大多數人都認爲拍賣價格已超出物品的實際價值時，這位出價最高的買家有多少可能性是正確的？答案是，這種可能性微乎其微。所以，贏家雖然得到了拍賣品，但也很可能因爲付出的成交價遠超出他的預期而不高興。

這樣的心情，也許眞的要當一次贏家才能體會。但是，「贏家的詛咒」卻揭示了日常生活中一個常見的問題：當人們並不清楚一件東西的價值時，爲了給出報價，就需要依賴一個基準價。人們心中的基準價越高，報價就越高。這會不斷推高拍賣價格，經過一輪一輪的價格調整，最後獲勝的，很可能就是那個基準價定得最高，也是最有可能高估拍賣品價值的買家。

在這裡，我們可以看到人們心中的基準價的高低對拍賣結果的影響。在消費者心理學和行爲經濟學上，把它叫作「錨定效應」。

人們心中的基準價從哪裡來呢？在一般的拍賣會中，如果競拍者事先對拍賣品缺乏了解，那麼，他的基準價很可能就是拍賣行提供的估價，也就是拍賣品目錄上標注的參考價。

很多拍賣行都會鼓勵競拍者事先閱讀他們的目錄，因爲他們知道，如果讓他們設定的參考價成爲買家們的基準價，拍賣品就更有可能賣出高價。當然，定得過高的參考價會讓買家望之卻步，爲拍賣行帶來損失，這種情況在拍賣會中也時有發生。

因此，拍賣會成了一場聰明的博弈遊戲，一方面，競拍人需要了解拍賣品的特點，盡可能準確估價；另一方面，拍賣行則需要了解競拍人的心理，制定合理又有利可圖的參考價，讓標的順利售出。

錨定效應與第一印象

「錨定效應」對人們的影響，其實不僅表現在基準價上，它還會影響我們對很多事物的判斷。

事實上，所謂的「錨」，就是我們對事物的第一印象。毫無疑問，第一印象對人們的判斷和決策影響非常大。

一九七四年，史丹佛大學的心理學家阿莫斯·特沃斯基教授和普林斯頓大學的心理學家丹尼爾·康納曼教授最早研究「錨定效應」現象，並將研究結果發表在知名的《科學》雜誌上。

在實驗中，他們請一組中學生在五秒鐘內估算下列升序連乘算術題的答案：

1×2×3×4×5×6×7×8=？

你不妨也試試在五秒鐘內估算一下，無須太精確，你的答案是多少？

實驗結果表明，這組中學生的估算值中位數是五一二。

正確答案是多少？用計算機算一下，你會發現答案是驚人的四〇三二〇，是中學生估算值中位數的近百倍。你剛才的估算答案呢？是不是也遠低於四〇三二〇？

如果是的話，你也不用傷心，大多數人都和你一樣，會低估這道題的答案。

事實上，這就是「錨定效應」導致的結果。由於這道升序連乘算術題的前幾個數字很小，我們就容易低估最後的答案。

在特沃斯基教授和康納曼教授的實驗中，他們還請了另一組中學生在五秒鐘內估算出下列降序連乘算術題的答案：

8×7×6×5×4×3×2×1=?

學過小學數學的人應該都知道，這兩道題的結果是完全相同的。實驗結果表明，第二組中學生的估算值中位數是二二五〇，雖然仍遠低於正確答案四〇三二〇，但比起第一組中學生估算的五一二要高得多。

由於第二組中學生估算的降序連乘算術題的前幾個數字較大，因此，他們受到錨定效應的影響稍弱。

由此可見，由於錨定效應，人們對事物的判斷過分依賴第一印象。即使我們都知道依賴第一印象並不科學也不準確，但還是無法擺脫第一印象的影響。

錨定效應與價格估計

當人們並不清楚一件東西的價格時，對價格的估計是很主觀的。爲了說明這一點，杜克大學的丹·艾瑞利教授和他的合作者們設計了一個實驗。他們在價格十到一百美元的商品中選出了以下四件商品：

一、電腦配件

二、葡萄酒

三、巧克力

四、書

然後，他們讓MBA學生寫下自己的社會安全碼（相當於我們的身分證號碼）最後兩位數，並問他們是否願意以這兩位數的價格購買以上這四件商品。在了解了學生們的購買意向後，他們又讓學生爲這四件商品定價，也就是他們認爲這四種商品分別值多少錢。

實驗結果表明，面對同樣的商品，社會安全碼後兩位數偏小的學生給的定價，明顯低於社會安全碼後兩位數偏大的學生。比如，一瓶當年的法國波爾多葡萄酒，社會安全碼後兩位數偏小的前二〇%學生給的平均定價是八·六四美元，而偏大的前二〇%學生給的平均定價是二七·九一美元。

這說明，當人們不清楚一瓶葡萄酒的價錢時，一個隨機的數字，比如社會安全碼後兩位數，就可以影響人們對商品的估價，而它與葡萄酒的實際價格之間沒有任何關係。

在這個實驗裡，一個隨機選擇的兩位數就充當了基準價，直接影響我們對眼前商品的估價，這就是「錨定效應」在發揮作用。

殺價的策略

北京有一條著名的秀水街，賣的是國際品牌的仿製品，價格只有正品的十分之一，甚至更低。因爲有專賣店的價格做對比，秀水街的價格就顯得很低，吸引了很多中國和外國的消費者。

有一次，我陪一個朋友去買襯衫，本以爲會很便宜，誰知老闆一開口就是五百人民幣。

「什麼？這也太貴了吧！」

「那你們出個價，你們覺得多少合適？」對方反問。

經過一番討價還價，我們最後以七十元買下這件襯衫。然而，如果老闆一開始的報價不是五百元，而是一百元，最後的成交價是不是會更低一些呢？也許是五十元，甚至四十元？

這位老闆可能並不了解錨定效應的理論，但他的做法卻聰明地利用了錨定效應的規律。他知道開高價對自己有利。

在交易的過程中，雙方討價還價都會依據一個基準，在基準不明確的情況下，老闆的開價就成了討價還價的基準。開價越高，成交價相應也就越高。即使我們並不認同五百元的價格，認爲它太高了，還價的時候，我們還是會以五百元爲基準，還的價格也就偏高了。

有什麼辦法可以避免對方開高價的不利局面呢？那就是用一個新的錨定點來代替之前的錨定點。

比如我們可以說：「我上次就在這兒買了一件，才三十五元。」

這麼說的意圖，是讓對方把三十五元作爲討價還價的起點，而不是五百元。

對方多半會說「沒有這個價」或「你也太能砍了吧，按這個價賣我就賠了」，但從這之後，雙方就會圍繞三十五元來討價還價，原先的五百元就被拋在一邊了。也就是說，如果買家主動談論低端的價格，它就有可能成爲新的錨定點。

雖然第一個報價經常會影響最後的成交價，但是在談判的過程中，第一個報價的錨定作用並不是決定性的。**擅長談判的人會利用各種機會引入新的錨定點，從而改變談判的結果。**

在談判中，誰第一個報價，與雙方掌握的訊息多寡和自信程度有關。在大多數的交易中，因爲賣家掌握的訊息比買家多得多，所以，作爲買家的消費者大都不願意主動出價，這就把自己放在了一個不利的位置上。但賣家的優勢並不是絕對的。消費者可以在了解了賣家的報價之後，引入新的錨定點，後發制人，讓談判的方向有利於己。

因此，談判並不意味著一定要爭第一個報價，而是看誰有能力讓自己的價格成爲討價還價的錨定點。

婆羅浮屠佛塔的紀念品

錨定效應的力量如此強大，就算人們已經了解它，仍然會在不知不覺中犯錯。

為什麼這麼說呢？以我自己為例。我經常在清華大學的課堂上為學生講授錨定效應，以及如何克服它對我們的影響。然而，多年前，我去印尼出差，順便參觀了位於印尼的世界七大奇蹟之一婆羅浮屠佛塔。婆羅浮屠的意思是「山頂的佛塔」，建於八世紀左右，與中國的長城、印度的泰姬瑪哈陵、柬埔寨的吳哥窟並稱為「古代東方四大奇蹟」。

在往景點的路上，有個小販向我兜售婆羅浮屠佛塔的紀念品，說：「先生，買個佛塔紀念品回去吧。火山灰製作的，一個才二十美元。」和大多數旅遊景點的紀念品一樣，我知道這個價格賺很大，所以不理會他，自顧自地向山頂攀登。

沒想到小販居然一路跟了上來，繼續說：「請買個佛塔回去吧，本來是一個二十美元，我給您便宜些，一個十五美元，怎麼樣？」

我笑著對他搖搖頭，我可是研究消費者心理學的人，很清楚錨定效應！

看到我意志堅定，他仍繼續跟著我走，幾乎是用懇求的語氣說：「今天已經很晚了，我背著這麼多佛塔紀念品很累，想早點收攤回家。給您成本價，一個五美元，您就買下吧。」

從二十美元到五美元，我想，這價錢應該合理了吧。看著小販真誠和懇求的眼神，於是我買下了五美元的佛塔紀念品。同時，我心裡也慶幸，總算沒有輕易上當，買到了物美價廉的好東西。

大約一個小時後，當我參觀完畢，走出風景區的時候，發現出口還有很多人在賣相同的佛塔紀念品，吆喝聲此起彼伏：「先生，要買紀念品嗎？五美元三個！」

五美元三個？看來我還是買貴了！當時我差點想把手裡五美元買的佛塔扔掉。你看看，雖然我很清楚錨定效應的作用，但還是在它的影響下做出了錯誤的判斷。

淘寶的錨定效應

現在人們都喜歡網購，因爲網路上價格更低，相較於北京各大商場裡的商品，淘寶上同樣的商品，價格只有二分之一或三分之一，甚至更低。然而，光有價格優勢是不夠的，更重要的是，如何把這種價格優勢傳遞出去。

這方面淘寶很聰明，它發明了「淘寶價」。消費者可以很清楚地看到淘寶價和市場價的差別。一雙安踏女跑鞋的市場價是兩百四十九人民幣，淘寶價是一百四十九元；一套景德鎮骨瓷餐具的市場價是一千兩百人民幣，「淘寶價」是四百一十八元。

正是因爲有市場價的存在，才讓淘寶價顯得那樣誘人。如果淘寶只有標示它的售價，消費者的購買欲望還會那樣強烈嗎？

淘寶價的意義，就在於它利用市場價的錨定效應。當人們以市場價作爲基準價來衡量的時候，淘寶價就成了實惠的代名詞，淘寶也成了人們心中購物省錢的好地方。

如果你以前沒有在淘寶買過東西，而是習慣在百貨公司和專賣店購物，那麼，你的基準價就是百貨公司和專賣店的價格。有一天，朋友對你說，淘寶上東西很便宜，你應該去看一看。當你面對淘寶上只有二分之一或三分之一的價錢時，你會發現自己原先認同的價格體系發生了翻天覆地的變化。你再也不願意花三百人民幣在百貨公司買一件棉質襯衫，因爲它在淘寶上只要四十元。你也不會再花六百人民幣在家具城買一塊地毯，因爲在淘寶上兩百六十元就能買到。

漸漸地，你發現什麼都可以在淘寶上買到，從家具到廚衛用品，甚至是房屋和汽車。隨著網購經驗越來越豐富，你也逐漸從原先不知網購爲何物的人，變成了網購達人。

當淘寶逐漸成爲你新的購物習慣時，你再去百貨公司，就會覺得百貨公司的價格無論如何也不能接受了。正如我周圍一些女性朋友告訴我的，她們再也不去百貨公司購物了。她們已經適應了上網比價，適應了不再需要店員的介紹和推薦，適應了足不出戶、等快遞送上門的自在和方便。

當淘寶價成為人們購物價格的新基準時，它不只是引入了價格的變化，而是深刻改變了人們的購物習慣、方式，以及對價格的認知。淘寶用價格來錨定消費者，而這種錨定帶來的變化卻不限於價格本身。

淘寶曾經推出一個電視廣告，廣告中，百貨公司燈火通明，手扶梯安靜地運行著，上頭卻空無一人，只有一只孤零零的高跟鞋。在廣告的末尾，淘寶告訴大家，「沒人上街，不一定沒人逛街」。這則廣告正是透過這種誇張的方式，道出了淘寶對消費者和實體店的真正影響。

由於網路上的東西經常比實體店便宜，消費者都被吸引到網路上購物了，實體店的生意自然變得清淡。事實上，近年來電子商務對實體店生意的分流，已經成為實體零售商面臨的最大挑戰。

然而，就在電子商務以價格優勢一路突飛猛進的時候，卻面臨一個日益凸顯的問題。

在電子商務的價格重新錨定之後，人們的購物習慣、購物行爲模式會發生一系列的連鎖變化，而這些變化是單向且影響深遠的。如果我們把購物僅僅理解爲金錢與物品的交換，追求最低價格的交易，那麼電子商務無疑是最佳形式。可是，生活經驗告訴我們，購物不只如此。除了完成交易之外，購物還滿足人們的情感和心理需求。用一句有點自相矛盾的話來說：人們買東西不只是爲了買東西，而是在尋找樂趣。

在購物中心裡，我們只需走上一圈，就會看到年輕女孩結伴而行，一邊吃著零食，一邊瀏覽店裡陳列著最新款式的服飾，對她們來說，這是了解時下流行趨勢和放鬆自我的一種方式。我們還會看到父母帶著孩子逛街，他們爲彼此挑選衣服，再去自己鍾愛的餐館吃飯，這是家庭生活的樂趣，是家庭成員溝通和融洽感情的一種手段。我們還經常可以看到戀愛中的一對對情侶，男孩子陪女朋友逛街，是誠摯愛意的最直接表達。購物中心還是兒童嬉戲的場所，在公共活動空間越來越不足的大城市，購物中心已經成了孩子們最方便的遊樂園。購物滿足著感情、心理上的多重需求，絕不只是金錢與物品的交換那般簡單。

當我們把這些都簡化爲鍵盤和滑鼠的敲擊，甚至是手機螢幕上的點擊動作時，購物的趣味也就跟著變淡了。所以，淘寶雖然方便人們買到更便宜的東西，卻把娛樂、社交和休閒這些功能從購物活動中剝離了出來。

這其實爲實體店提供了差異化競爭的機會。實體店要增加自己的競爭力，就應該在滿足價格之外的需求方面多下功夫，如改善環境、服務和購物體驗，尋找除了低價之外，可以吸引和錨定消費者的方法。

塔吉特與沃爾瑪的競爭

一九六二年五月一日，在美國明尼蘇達州的玫瑰鎮，一家名叫塔吉特的連鎖日用品店開幕了。塔吉特把店址選在了明尼蘇達一個典型的中產階級社區，這裡人口稠密，商業發達，四周居民大多是白領工作者，受過良好的教育，喜歡舒適的購物環境，也更願意爲了優質的產品多付錢。憑藉其優秀的市場定位，塔吉特在開業的第一年內就迅速擴展到四家分店。

在隨後的兩個月，一個名叫山姆·沃爾頓的人在美國南部阿肯色州的羅傑斯鎮開設了另一家連鎖日用品店，沿用自己的名字，他將這家商店命名爲沃爾瑪。

和塔吉特相比，沃爾瑪所在的羅傑斯鎮的居民收入偏低一些，這是由於美國南方經濟相對落後的整體環境所造成。羅傑斯鎮的人口密度也低很多，只有明尼蘇達州玫瑰鎮的四分之一。儘管如此，沃爾瑪仍然沒有放慢擴張的腳步，在其後的五年間，沃爾瑪在阿肯色州一共開設了二十四家分店，年營業額迅速攀升到一千兩百二十七萬美元。

當時的人們並不知道，這兩個貌不驚人的區域性連鎖店竟然會成長爲美國日用品零售業兩股最大的力量。直到今天，沃爾瑪、塔吉特仍然穩占美國日用品零售市場第一和第二的席位。

也許，從一開始就存在的差別，決定了兩家連鎖店的不同經營策略。沃爾瑪所在的阿肯色州人均收入較低，強調價格優勢，就成了沃爾瑪一貫的競爭策略。而塔吉特所在的明尼蘇達州相對富裕，商業發展比較成熟，因此，建立絕對的價格優勢，對塔吉特來說並不是必需。

如果說，沃爾瑪是用低價來錨定顧客，那麼，塔吉特就需要尋找在價格之外能夠錨定顧客的方法。在沃爾瑪不斷擴張的攻勢下，塔吉特清楚地意識到自己不可能取得像沃爾瑪那樣的規模優勢。於是，塔吉特爲自己找到了一條錨定顧客的新道路，那就是提供優質的設計師產品。

和沃爾瑪相比，塔吉特有一個長處，那就是善於發掘、揀選優秀的設計師品牌，並與它們共同開發適合大眾消費者的產品。「買得起的設計師品牌」是塔吉特的宣傳口號。透過塔吉特龐大的零售終端，設計師品牌可以提高自己在主流市場的影響力和知名度，進一步增加銷量。而塔吉特則可以透過與設計師品牌合作，提升自己在顧客心目中的優質形象。

Mossimo是一家總部位於美國加州的年輕人服飾品牌，由義大利人莫西摩・吉安諾里在一九八六年創立。Mossimo最早起源於青少年沙灘泳裝，陽光、青春和隨意的性感成了這個品牌的主要風格。

和很多服飾品牌一樣，Mossimo在成立之後經歷了一段順風順水的快速發展時期，用創辦人吉安諾里的話來說，公司的生意就像是「一路踩著滑板，快速前進」。Mossimo的產品線也從原來的泳裝、T恤、襯衫、牛仔褲，迅速擴張爲包含西服、針織衫、訂製服等多個品類。

然而，在急速的市場擴張之後，問題出現了。從一九九七年開始，Mossimo的銷量開始顯著下滑。由於之前的快速增長，品牌的風格和定位不如一開始的清晰、明確，企業管理也出現混亂。在這些因素的綜合影響下，Mossimo開始丟失市占率，利潤率下滑。對於創辦人吉安諾里來說，這似乎預示著十年的好日子到盡頭了，直到他找到了出路——與塔吉特「聯姻」。

在吉安諾里看來，塔吉特幾乎具備Mossimo所需要的合作夥伴的所有特質：遍布全美的一千多家分店，爲Mossimo解決了銷售通路的問題，它的中高端消費客群也減輕了Mossimo定價上的壓力。

同時，塔吉特還具備精確而敏捷的生產加工能力，在與塔吉特的合作中，Mossimo除了提供設計和品牌形象之外，其他如生產、加工、運輸環節，都由塔吉特負責。這意味著在帶動銷量的同時，塔吉特還可以爲Mossimo節省管理成本。在經過三年的籌備之後，二〇〇〇年初，一系列名爲「Mossimo爲塔吉特設計」的產品就開始在塔吉特上架銷售。

憑藉塔吉特龐大的零售終端，Mossimo實現了在全美一千七百多家分店大規模銷售。同時，透過與Mossimo的合作，塔吉特也將個性、審美和趣味，引入了普遍被認爲平淡無奇的超市服飾。

超市販售的服飾通常品質一般，款式平平，更沒有什麼特色、時尚可言。但引入了知名設計師的手筆之後，塔吉特徹底改變了人們對於超市服飾的認識。

以超市的價位，就可以買到設計師品牌的衣服，這對所有的顧客來說都是一個新的「錨定」。當人們逐漸習慣用超市的價格購買設計師品牌的產品之後，他們還會願意去其他超市，花同樣多的錢購買非設計師品牌的產品嗎？

除了與知名設計師品牌合作之外，塔吉特的購物環境也明顯優於沃爾瑪。塔吉特的店鋪總是明亮乾淨，商品陳列整齊，標價清楚。眾所周知，大部分商店都會充分利用店面空間來擺放產品，增加銷量，但是塔吉特卻反其道而行之，要求管理人員必須保證貨架之間相隔十二英尺，讓顧客有足夠的空間挑選商品和通行。

塔吉特的想法很明確，購物環境舒適了，顧客自然更願意放慢腳步，延長在商店裡購物和逗留的時間。而購物的時間越長，顧客也就越可能買下更多的東西。用塔吉特執行長鮑伯．尤里奇的話來說，塔吉特就是要用經營百貨公司的哲學來經營超市，他認爲這是塔吉特能夠打敗對手、吸引顧客的根本之道。

在塔吉特的重新錨定下，人們的購物習慣也悄悄發生變化。在逐漸適應了塔吉特的設計師品牌和舒適的購物環境之後，再回到沃爾瑪買東西就變得不那麼愉快了，甚至對有些人來說成了一種痛苦。

我一個韓國朋友曾經是沃爾瑪的忠實顧客。後來，這家沃爾瑪的對面開了一家塔吉特，她買過幾次東西之後，便叮囑我不要再去沃爾瑪買東西了。我至今仍記得她憤憤不平的吐槽：「沃爾瑪的走道上總是堆著橫七豎八的箱子，衣服架子落得滿地都是。最讓人受不了的是，他們的衣服經常被人踩得都是鞋印。你說，誰還喜歡在這樣的地方買東西呢？」

有趣的是，在她去過塔吉特之前，似乎從來沒對沃爾瑪有什麼不滿。然而，在她去過塔吉特幾次之後，沃爾瑪就變成了無法忍受的地方。

根據統計，塔吉特的顧客家庭平均年收入在五萬美元左右，而沃爾瑪的顧客家庭平均年收入為三萬美元。顯然，塔吉特的消費客群收入高於沃爾瑪。在塔吉特的停車場裡，經常看到開賓士、BMW、Jaguar來購物的顧客，這些顧客通常不會去沃爾瑪買東西。難怪美國知名主持人歐普拉曾經打趣地把塔吉特讀成法語發音，塔吉特在人們心目中的時尚、優雅可見一斑。它的平價設計師品牌、舒適的購物環境，以及洋溢著活力的品牌形象，讓塔吉特成了美國炙手可熱的零售巨頭。

從塔吉特與沃爾瑪的較量可以看到，錨定並不只限於價格。當我們能夠立體、全面地解讀購物活動的時候，就會發現更多錨定顧客的方式。

比如許多年前，多數北京的商場都不提供無條件退換貨，北京當代商城就主動推出這項服務，讓顧客在消費之後得到更多保障。這種做法同樣也會產生錨定的作用，當顧客逐漸習慣了當代商城的無條件退換服務時，其他商場不接受退換貨的做法就變得讓人無法接受了。

由此可見，**錨定效應並不只限於價格層面，從根本上說，人們對於購物體驗、產品品質，乃至售後服務的預期，都可以重新錨定**。

單個報價與多個報價

日常購物時，商家也可以利用錨定效應來影響消費者的購買決策。比如，商家在標價的時候不是標單價，而是以多個商品爲單位，如「三斤兩百元」或「四個兩百元」。按照錨定效應的規律，這樣的報價方式可以提高消費者購買的數量。

美國伊利諾大學香檳分校的布萊恩·汪辛克（Brian Wansink）教授等人曾以此爲主題，在一家大型連鎖超市做追蹤調查。他們在八十六家連鎖超市中放置了以下兩種不同的標價牌：

一、原價九十九美分，特價七十五美分

二、原價九十九美分，特價兩個一．五美元

結果怎樣呢？汪辛克教授和他的研究團隊發現，比起標單價，用多個數量標價的超市，銷售額提高了三二%。

這給經營者們帶來了啓示：只需在標價時提供購買數量的小小暗示，就可以將銷量提高三〇%。這樣做的意義在於，消費者購買的數量越多，他們購買其他競爭品牌的機率就越小。同時，購買數量又連結上忠誠度。消費者購買某一品牌的數量越多，就越容易養成持續購買這個品牌的習慣。

除了改變報價方式，賣家也可以透過其他方法來錨定消費者的購物數量，比如設置消費上限。在貨架上標明「每人限購五件」，消費者也許本來只打算買一件，但在看到購物上限的要求之後，錨定效應會讓他們不自覺地增加購買的數量。

美國有一家知名食品生產商康寶，以生產濃湯、義大利麵醬聞名。汪辛克教授就用康寶濃湯罐頭做了一個實驗，他發現在三種不同的情況下，消費者購買的數量有很大變化：

一、在沒有購買上限的時候，顧客平均購買三・三罐。
二、在購買上限爲四罐時，顧客平均購買三・五罐。
三、在購買上限爲十二罐時，顧客平均購買七罐。

在這個例子裡，產品的品質和價格都沒有發生變化，僅僅是出售時表達方式的變化，就帶來了銷量的翻倍，錨定效應的心理暗示作用由此可見一斑。

由於消費者在購物時對數量沒有明顯偏好，往往是臨時決定買多少，因此，一個小小的提示就可以影響他們的購買決定。

比如賣巧克力，賣家可以提醒消費者：「爲了避免肥胖，巧克力的食用量每週不宜超過十二塊。」也許消費者原來只打算買一、兩塊，在看到這樣的訊息之後，就打算買五、六塊了。研究已經證實，這種錨定手段對銷量的拉動作用不亞於打折。

要是我們的思路再開闊些，就會發現利用錨定效應增加銷量的方法遠不止於此。中國文化對數字向來頗爲講究，比如，提示顧客「好事成雙」，原本只打算買一個的顧客就很容易買兩個了。要是覺得不夠多，還有「六六大順」「八面呈祥」「十全十美」，即使消費者最後沒有買十個，也多半會選擇六個、八個這樣的吉利數字。

我們可能小看了這些簡單的數字作用，如果運用得當，這樣的錨定會帶來銷量的明顯變化。

從電影院到麥當勞

六〇年代，商人戴維・沃勒斯坦在美國中西部地區經營一家連鎖電影院。在經營電影院期間，沃勒斯坦的主要目標就是增加電影院爆米花和可樂的銷量。他嘗試了一些辦法，比如改善爆米花的口味、在可樂裡加冰塊，提高商品對消費者的吸引力。他還推出了午場優惠，以及「買一送一」等促銷活動。可是努力了一段時間，爆米花和可樂的銷量依然沒有起色。

有一天晚上，沃勒斯坦忽然想到了一個辦法：爲什麼不把裝爆米花的盒子加大呢？這個想法在電影院試行之後，爆米花的銷量突飛猛進，由此帶來的還有可樂銷量的大幅增長。沃勒斯坦找到了食品行銷的捷徑：把它們的容量加大。

到了七〇年代，沃勒斯坦進入麥當勞董事會。當時的麥當勞也面臨著同樣的困擾：如何提高薯條和可樂這些利潤率最高的產品的銷量呢？沃勒斯坦經營電影院的經驗這時就派上用場了，他向麥當勞的老闆、美國商界的傳奇人物雷·克洛克提出一個建議：把薯條和可樂的容量加大。

「這有用嗎？」克洛克對這個建議表示懷疑，「要是人們想吃得多一些，可以再買一份啊！」

「可是誰會願意買兩份呢？沒有人希望在別人面前看起來貪吃。」沃勒斯坦解釋說。

克洛克最終採納了這個建議。於是，從八〇、九〇年代起，麥當勞開始加大薯條和可樂的容量。我們可以在麥當勞的菜單上看到，小杯可樂是九盎司，中杯可樂已經達到了十六盎司，大杯可樂則達到了二十二盎司。

麥當勞的加大策略帶來了什麼？沃勒斯坦和克洛克可能都沒有想到，在麥當勞營收和利潤大幅增加的同時，加大策略帶來了一個普遍又難以控制的社會問題，那就是肥胖的激增。根據美國國家衛生院發布的數據，八〇年代是美國人體重上升最快的時期。

和以前相比，人們明顯吃更多了。這並不是他們的身體忽然需要更多的食物，而是他們對食物攝取量的標準被重新錨定了。當他們的飲食習慣被錨定在新的標準上之後，生活中的其他事物也隨之發生變化。

今天，美國超市裡賣的單份食品的分量是過去的一．五倍。十幾年前的家庭烹飪書裡足夠八個人吃的分量，現在只夠四個人吃。另一個典型的例子是美國人早餐愛吃的貝果麵包，今天，一個貝果的熱量已經從二十年前的一百四十大卡，增加到了三百六十大卡。這意味著，如果一個人還是習慣每天早上吃一個貝果的話，多出來的熱量就只能留在他的肚皮上了。

食品分量加大，使得肥胖如同傳染病一般在美國蔓延。據稱，每年美國徵兵時，約有四〇%的年輕女性和二五%的年輕男性因爲體重超標而失去入伍資格。此外，在過去的十年間，商場旋轉門的寬度增加了二〇%，服裝製造商不得不生產更多加大的衣服，汽車製造商則不斷打出「車內空間更大」的廣告。根據統計，爲了擔負美國人日益增加的體重，航空公司每年要多付七．五億美元的燃油費。面對越來越多的肥胖患者，醫院必須額外花錢購買特製的輪椅和手術台。

一個旨在賣出更多薯條和可樂的行銷手段，竟然讓人們的生活方式和飲食習慣發生了根本性的變化，甚至引發了嚴重的社會問題，錨定效應的力量的確不可小覷。

錨定通常發生在不知不覺中，但影響卻持久而長遠。了解錨定效應，可以讓我們去留意這些變化，並根據自身的情況做出調整。

也許，我們並不需要買超市裡那款正在促銷的特大號洋芋片，常規的包裝對我們來說就足夠了。也許，我們並不需要在星巴克點特大杯的咖啡，中杯對我們來說就足夠了。也許，我們可以在麥當勞收銀員問著條「要加大嗎？」的時候說「不」。誰說只能由別人來錨定我們的生活呢？

結語

關於「錨定」，我很喜歡這個比喻：它暗示著一艘船必須在錨的作用下才能停靠岸邊，不至於漂走。如果這艘船代表著我們的行為習慣或生活方式，意味著我們在大多數時候很難看見錨的存在。

它以一種隱蔽的方式存在於我們的生活裡，從我們喝水的杯子大小到計量單位，再到貨幣之間的兌換匯率，錨定點幾乎無處不在。這些錨定點一旦固定下來，便會深入而長遠地影響我們。

同時，錨定又不是一成不變的，當我們用新的錨定點取代舊的錨定點時，我們的生活和決策行爲便會隨之發生一系列細微的調整和變化。這些細微的調整會在更長的時間裡不斷積累，從而引發更本質的變革（如麥當勞的加大策略）。從這層意義上說，我們的生活又是充滿各種未知因素的，至少不像表面上看起來的那樣風平浪靜。

變化其實時刻都在發生。從現在開始，讓我們用心去發現隱蔽在生活中的一個又一個錨定點吧，它們會幫助我們更冷靜地觀察自己和這個世界正在經歷的變化。

第十章

過度自信

不僅僅是吹牛

為什麼如今看來荒謬的言論，卻曾經是專家信心滿滿的預言？
為什麼大猩猩的飛鏢戰勝了九成基金經理人？
為什麼成功企業家的優點，最終成了他的致命弱點？

「過度自信」告訴我們，盲目樂觀和過度自信會爲人們帶來無法彌補的損失。同時，也正是美化後的幻覺鼓勵人們追求更美好的目標，把它們變成現實。

預言和預測：沒有最窘，只有更窘

二〇一二年也許是人類歷史上最難忘的一年，因為這一年是瑪雅人預言的「世界末日」，但最後證明沒有發生。

說到預言或預測，我們會發現，很多知名人士或企業的預測根本無法通過事實的驗證。我們先看看國外一些知名人士和機構曾經做出的預測：

「所有可以被發明的東西都已經被發明了。」——查爾斯·杜爾，美國專利局局長，一八九九年

（如果這句話是真的，我們今天會有飛機、電腦、手機、網路等等嗎？）

「這個世界上大約需要五部電腦就夠了。」——托瑪斯·約翰·華森，IBM總裁，一九四三年

「沒有理由讓任何人在家裡擁有一部電腦。」——肯尼斯·奧爾森，「小型機之父」、DEC計算機公司總裁，一九七七年

（這兩位計算機先驅無論如何也想不到今天很多人家裡都不止一部電腦。）

「電視機不會有任何市場。誰願意每天晚上盯著一個盒子看？」——達里爾·扎納克，二十世紀福斯製片公司總裁，一九四六年

（在智慧型手機時代之前，大多數人每天晚上都在看什麼？看電視。它是當時全世界最大眾化的娛樂方式。）

「快遞這個主意聽起來有點意思，但分數只能得C，因爲它根本不可行。」——耶魯大學教授對大三學生弗雷德·史密斯的課程作業評價，一九六五年

（這個想法後來誕生了全球聞名的聯邦快遞。）

「日本車想在美國占有一席之地？做夢！」——《商業週刊》，一九六八年

（二〇〇八年，日本車在美國市場逼得多家美國汽車企業破產重組，日本豐田也已經取代美國通用，成爲全球最大的汽車企業。）

類似上述的預測還有許多，很多知名人士或機構經常喜歡做出各種預測，不幸的是，這些預測往往沒有根據，很多最後都無法兌現。

以大眾最關心的房地產市場為例，中國知名經濟學家謝國忠曾經在二〇一〇年初預測：「中國房價已經見頂，二〇一〇年，大城市房價將大跌一半以上。」

但實際上，二〇一〇年，北京、上海、廣州、深圳四大城市房價大漲。其中廣州漲幅最小，為二三%，北京漲幅最大，達四二%。到了二〇二〇年，北京、深圳等各大城市房價已比二〇一〇年又上漲二〇〇%左右。

又如股票市場，中信建投曾經預測：「二〇一〇年，中國股市指數最高將達到五千點。」

但實際上，二〇一〇年，中國上證指數全年下跌一四%，收於二八〇八·〇八點，是全球表現最差的股市之一。即使到二〇二一年，中國上證指數仍然也只徘徊在三千多點。

這些國內外知名人士和企業當時信心滿滿做出的預測，在今天看起來卻非常荒謬，為什麼？過度自信。這正是本章要討論的問題：人們應該如何避免盲目樂觀和過度自信帶來的損失？同時，一個人應該在什麼時候表現自信？又應該在什麼時候保持謙虛？我們是否可以從自信、樂觀的態度中受益？

你是否也會過度自信？

如果你覺得過度自信只是所謂知名人士或機構的問題，不會在你身上發生，那你就是過度自信了。在討論過度自信的問題之前，先來測試一下你有多自信吧。

請你估計一下，一架波音七四七客機沒有載客的時候有多重。請給出一個範圍，用數字標示出上限和下限，並確定你對這個估計的正確率抱有九〇%的自信。當然，估值不要太寬泛，否則你的估值就失去意義了。

一架波音七四七客機的重量：________～________公噸

請你再估計一下，月球的直徑有多大？同樣，請給出一個範圍，並確定你對這個估計的正確率抱有九〇%的自信。

月球的直徑：＿＿＿～＿＿＿公里

當然，我知道你並非航空工程師，也不是天文學家，只是讓你從非專業人士的角度做粗略的估計。你的判斷也許會偏離正確答案，沒有關係，嘗試一下吧。我們將會把你的估計和一千多名來自美國和歐洲的企業高級經理人的估計做比較（我相信在這兩個問題上他們知道的並不比你多），看看誰做出的估計更準確。

你寫好這些數字了嗎？寫好的話，你可以和以下的正確答案比較一下：一架波音七四七，依據不同型號，重量大約一百六十至一百九十公噸；月球的直徑為三千四百七十六．二八公里。

怎麼樣？是不是和你的判斷相差很大？事實上，那些來自美國和歐洲的企業高級經理人的估計也非常不準確。實驗數據表明，雖然高級經理人聲稱對自己的估計有九〇％的信心，但事實上，他們的平均正確率為二八％，遠遠低於他們認為的九〇％。

也許你會說這兩個問題太專業了，沒有多少人能答對，那麼，我們換一個比較簡單的問題。假設你是清華大學經濟管理學院碩士一年級學生，你覺得自己在「行銷研究」這門課程的成績排名會落在以下哪個區段？

A：前二五%

B：二五%～四九%

C：五〇%～七五%

D：最後二五%

我經常在課程開始之前讓學生填寫這樣的表單，結果，幾乎所有學生不是選A就是選B。也就是說，絕大多數的學生都認為自己的成績會高於平均，顯然學生們是過於樂觀了。因為一定有五〇%的學生成績高於平均，五〇%的學生成績低於平均。如果每個人的成績都高於平均，那麼，平均從哪裡來呢？

無處不在的過度自信

在心理學上，研究人員很早就注意到了過度自信的現象。瑞典斯德哥爾摩大學的歐拉・斯文森（Ola Svenson）教授發現，六九％的駕車人認爲自己的駕駛技術高於社會平均。這是針對瑞典樣本的調查結果，而針對美國車主的調查，這個數字爲九三％。

在生活中，過度自信的現象比比皆是，比如，我們相信自己做菜的手藝比一般人好，打籃球的技術比一般人高，知識、閱歷比一般人更豐富、更全面，做出的決定比一般人更明智，甚至外貌也比一般人更俊俏。只是，這樣的「一般人」究竟是誰？我們心裡並沒有確切的概念。

在更寬泛的層面上，我們還會認爲自己比一般人更有禮貌、更可靠、更聰明、更風趣、更受歡迎、更善解人意。正如美國北卡羅來納大學的心理學家馬克・艾立克（Mark Alicke）教授所發現的，七〇％以上的人在衡量自己各方面的表現時，會給出過高的評價。即使是平時板著臉孔、不苟言笑的人，也認爲自己的幽默感比普通人要強。

過度自信與投資行爲

顯然，過度自信的不利之處在於，它並不只是吹牛，表現在投資行爲上，可能導致重大損失。在華爾街工作的人往往會對自己的知識和能力表現出過度自信，而事實上，他們的預測未必是正確的。

美國知名經濟學家阿爾弗雷德．考爾斯（Alfred Cowles）博士，曾經針對一九二八年到一九三二年十六家金融機構的七千五百條投資建議做過全面分析，他發現，這些專業建議帶來的總體收益，比市場平均水準低一．四%。

考爾斯博士還曾經針對一九〇四年到一九二九年《華爾街日報》刊登的股市評論做了分析，他的結論是，如果按照這些建議買股票，帶來的收益還不及市場漲幅的平均。而在一九四四年的一項類似調查中，他發現，八〇%的股價預測都過於樂觀了。

這是不是說華爾街的專家們大抵都是錯的呢？當然不是。華爾街從來都不缺少眼光敏銳的基金經理人和分析師，他們能夠迅速發現一支有強勁增長潛力的股票，並讓客戶在很短的時間內獲得豐厚的回報。但是，從長期來看，他們過度自信的傾向，很可能會扭曲對市場運作眞實情況的了解，因而做出不合理的預測。

美國金融量化研究院的傑克・特雷諾（Jack Treynor）和凱・瑪佐伊（Kay Mazuy）研究了五十七家基金公司的業績之後，得出了這樣的結論：任何人，無論是有經驗的投資顧問，還是業餘投資人，都不可能比市場更聰明，更不可能看到市場的前面去。但是，分析師和基金經理人對自己的投資建議總是抱持著確定不疑的信心，即使市場的表現並不符合他們的預測，他們也會認爲是一些「偶然」的因素，或者是所謂的「運氣」影響了他們預測的準確性，而不是他們的預測能力有限。

基金經理人和大猩猩的投資較量

八〇年代末，美國股市低迷，投資者對分析師、基金經理人組成的專業團隊產生了極大懷疑。《華爾街日報》便舉辦了一場公開競賽，參賽一方是會擲飛鏢的大猩猩，另一方是華爾街當時最著名的分析師。大猩猩透過擲飛鏢來選股，分析師則是透過研究，選出股票組合。結果證明，分析師的成績並不比大猩猩強。

分析師眞的不如大猩猩嗎？二〇〇八年股市遭遇大風暴，指數、個股劇烈下跌，中國《投資者報》研究部的一些工作人員突發奇想，決定透過還原大猩猩擲飛鏢選股的方式，檢測基金經理人的獲利能力。爲了盡可能地合理，選擇的股票都是在二〇〇七年十二月三十一日之前上市的，並且非特別處理股票。這些股票被密密麻麻地印在一張圓形紙上，然後貼在一個普通的飛鏢靶上。

三個沒有投資經驗的同事被選來扮演「猩猩」，飛鏢靶距離兩公尺，爲的是不讓人看到公司名稱。飛鏢打到靶上後，工作人員再記錄下公司名稱。經過三輪投擲，總共產生六十支股票，分成A、B、C三組，每組二十支，投資的倉位與偏股型基金每季度平均倉位相同。

按照截至二〇〇八年十二月二十三日的統計，飛鏢選出的A、B、C三個股票組合的平均收益率爲負三七．六八％，偏股型基金產品的平均收益率爲負四七．〇二％。大猩猩的股票組合居然戰勝了九成的基金經理人。

貝爾斯登的覆滅

當華爾街上的交易商都認爲自己的投資技巧高於平均水準的時候，會出現什麼樣的情況呢？他們會選擇盡可能多交易。因此，在股票市場上，我們就會看到交易額大量增加，交易所一片牛市的繁榮景象。然而，交易量增加，和股票收益之間並沒有必然的關聯。

我們看到的很多交易量的膨脹，實際上是泡沫的增加和堆積。正是對自己的交易能力過度自信，很多交易商在面對泡沫危機的典型徵兆時，仍選擇視而不見。

歷史上著名的荷蘭鬱金香危機、英國南海石油危機、美國三〇年代的大蕭條，以及二〇〇八年的次貸危機，都曾顯露出早期的泡沫徵兆。但投資人和券商們的過度自信，讓他們繼續追加投資。

這種盲目的樂觀，很大程度上源自於他們之前獲得的成功。曾經名列《財富》雜誌全球五百大、美國華爾街第五大投資銀行貝爾斯登公司就是一個很好的例子。

二〇〇三年，貝爾斯登公司正處在發展的黃金期。在二〇〇三年的第一季度，公司盈利增長五五％，它的抵押貸款業務蒸蒸日上，淨資產收益率也一路飄紅。《財富》雜誌將貝爾斯登評爲最適宜工作的金融公司。

從鹽湖城默默無聞的影印機推銷員，一步步成爲華爾街貝爾斯登公司執行長的詹姆斯．凱恩在接受《泰晤士報》採訪時，躊躇滿志地說：「所有的人都叮囑我們，當經濟開始走下坡路的時候，我們一定會裁大跟頭。可是我告訴你，我們會讓所有人都覺得始料不及，我們（貝爾斯登）可是一家一流的、非同一般的投資公司！」

詹姆斯．凱恩的話再一次說明，其實經濟危機發生的本質原因不在體制，而在人心。在經濟成長的時候，人們會把收益的增長歸功於自己的能力；當經濟下滑的時候，人們卻認爲這是經濟環境，而不是人爲的錯。這種「贏了功勞歸我，輸了則是因爲運氣不好，怨不得我」的心態，爲華爾街高層們的自負提供了心理上的基礎和支持。

基於這種自負，二〇〇八年的次貸危機發生以後，很多基金經理人和投資公司的執行長寧可選擇辭職，讓公司倒閉，也不願意承認自己做錯了。在次貸危機爲何會發生的問題上，華爾街的看法也並不一致，有些人認爲發明次貸產品就是金融業的一場災難，有些人則認爲是運作上的失誤和缺乏配合導致危機發生。與此相應，華爾街流傳著對貝爾斯登公司和詹姆斯．凱恩的兩種看法：一是，他自信過了頭；二是，他只是自信得還不夠而已。

謙招損，滿受益

正如俗語說的「滿招損，謙受益」，既然我們都知道自負的危害，爲什麼在生活中，自負的傾向總是難以根除？難道我們的生活離不開它嗎？如果眞是這樣，我們是否需要換一個方向思考，那就是，過度自信在我們的生活中是否也同時發揮著正面的、不可替代的作用？人類學家長期觀察人類的競爭行爲，得到的結論是：過度自信的確會增加一個人的能力。

哈佛大學知名人類學家理查・藍翰（Richard Wrangham）教授認爲，相信自己會贏的信心，不僅讓一個人看上去穩操勝券，更重要的是，它會發揮神奇的作用，激發出前所未有的活力和才能。「試想一下，在一場比賽中，什麼樣的人會表現出不容置疑的勝算呢？只有那些內心確定並眞正相信自己會贏的人。」

這種被藍翰教授稱爲「過度自信」的傾向，在戰鬥中叫作「士氣」，在金融投資中叫作「投資者信心」，也有人把它叫作「致命的自負」。然而，無論它有多少種名稱，有多麼豐富的表現形式，有一點是共同的，那就是透過心理的作用，在自己周圍建立起一個「積極的幻覺」，並透過這種幻覺去影響其他人的認知。當人們都認同這種「幻覺」的時候，幻覺就變成了現實。換言之，現實是什麼並不重要，只要能夠改變人們對現實的看法，一切皆有可能。

從這層意義上說，過度自信是華爾街的「叢林法則」。投資者想在弱肉強食的激烈較量中，爲自己謀得一席之地，過度自信就成了他們不可或缺的一項素質。在華爾街上，有一幢四層樓的地標性建築，是建於一九一三年的JP摩根銀行總部原址。當時華爾街的地價已經十分昂貴，到處摩天大樓林立，但是皮爾龐特．摩根特意要求建築師只設計四層樓，故意浪費空間，以彰顯自己雄厚的財力。過度自信，或者說自負，向來是華爾街引以爲傲的傳統。

正如電影《華爾街之狼》中永遠充滿自信的喬丹．貝爾福，華爾街的風雲變幻，猶如一次又一次的大浪淘沙，隨著時間的流逝，不斷衝刷、淘洗掉那些缺乏自信的基因，留下年輕、自負和野心勃勃的頭腦。華爾街的競爭機制會挑選、培養並獎勵過度自信的潛質，而在這種競爭機制中存活下來的金融家們認爲，只有當他們的信心戰勝對風險的恐懼時，幸運和財富之神才會向他們微笑。

正因爲如此，貝爾斯登的倒塌也許眞的要歸結於它自信得還不夠，而不是自信過了頭。在二〇〇八年底時，這家公司仍有高達一百七十億美元的可支配資金。但由於曠日持久的負面報導、投資人的心理恐慌、其他投資銀行的競爭壓力，公司內部的信心出現了第一道裂縫，陸續有人辭職離開，對於貝爾斯登不利的謠言也越傳越多，越傳越廣。貝爾斯登這座金融大廈開始從內部瓦解，這讓許多敏感的投資人嗅到了恐懼的味道，他們迅速從貝爾斯登的支持者和合作者，轉向迴避交易，甚至將貝爾斯登當作攻擊的對象。最終，在華爾街曾經不可一世的詹姆斯．凱恩終於體會到了什麼是「兵敗如山倒」。

也許對一家非金融業的公司來說，坐擁一百七十億美元資金，至少可以讓它不至於立即倒閉。可是對於需要說服投資人完成交易的投資銀行來說，失去了信心，就什麼都沒有了。

創業者和企業家的致命弱點

在商業決策中，我們同樣可以看到過度自信的普遍現象。創業者大多對自己的商業計畫充滿信心，在被問到對自己創業成功機率的看法時，八〇%以上的創業者認爲自己的公司有七〇%的成功率，其中有三三%的人認爲自己的企業一定會成功。然而，根據統計，每十家創業公司中，就有九家會失敗。

這種情況在中國市場中也很普遍。一旦看到某個產業有利可圖，就有大量的企業和資本湧入，所有的企業都認爲自己能獲得成功，可是到頭來，眞正存活的卻沒有幾家。

以二〇一〇年的團購產業爲例，自二〇一〇年初，中國第一家團購網站上線以來，到二〇一一年八月，中國團購網站已經超過了五千家。然而，經過激烈的角逐，當時的幾千家團購網站九九%後來都倒閉了，只剩下美團、大眾點評等少數幾家（美團和大眾點評也在二〇一五年底合併）。而在二〇一五年，結合線上與線下的O2O產業，幾乎同樣的故事又上演了一遍。前幾年火熱的智慧型手機產業，以及現在火熱的電動車產業，不也是這樣嗎？

這種大起大落、忽熱忽冷的創業模式，經常會破壞一個新興產業的發展環境。也許你會說，讓市場的調節機制來發揮作用吧。但是，源於過度自信的競爭是應該避免的，因爲它的代價太高了。如果我們能夠花一些精力研究市場、產業和風險的話，就可以給自己的資金找到更好的去向，而不是盲目地跟風。

現在，設想一下，你是一家有三千多名員工的製藥公司高層，在製藥產業有十五年的工作經驗。最近你剛剛從副總裁的位置被提拔爲公司的執行長，財經頻道的記者來採訪你，稱你爲「最年輕有爲的執行長」。所有這些榮譽、成就、聲望，是不是有可能增加你對自己能力的信心呢？更重要的是，你現在不僅要爲個人的事業做決定，還要代表公司做決定。你對個人能力的自信，是否也會轉移到對公司決策的把握上呢？這種信心又會如何影響你決策的品質？

美國管理學者曾經對企業高層的過度自信現象做過長期的追蹤研究。史丹佛大學商學院的烏莉克・馬曼迪爾（Ulrike Malmendier）教授和華頓商學院的傑佛瑞・泰特（Geoffrey Tate）教授研究發現，過度自信在企業領袖中是一種通病。對公司現金流的依賴和信心，讓執行長們在現金流充沛的時候過度投資，又讓他們在現金不足的時候輕易放棄好的投資機會（這也是過度自信的表現之一）。此外，媒體對於企業領袖的報導和追捧也會扭曲他們對自己能力的看法，讓他們對自己所做的決定抱有過高的、不切實際的樂觀態度。

通用汽車前執行長羅傑・史密斯就是一個這樣的例子。他在一九八一年到一九九〇年擔任執行長期間，爲通用汽車設計了一個完全自動化的未來。他認爲用機器人代替人工是大勢所趨，同時也能解決長期困擾公司的勞資矛盾問題。爲此，史密斯花費了四百億美元更新廠房和設備，同時辭退了大批的工人。儘管史密斯本人對這個決定充滿信心，事實卻說明當時的機器人技術還不夠成熟，不能滿足通用的自動化需要。在通用汽車的廠房裡，機器人拿著電焊槍互相肢解，亂砸汽車，到處噴油漆，或是修補正常的汽車部件。史密斯的宏偉計畫就以這種滑稽而慘淡的方式收場了。在史密斯執掌的十年間，通用汽車在美國的市占率從四六%跌到了三五%。

另外，還記得美國線上和時代華納那場著名的「跨世紀」併購嗎？儘管現在看來，兩家公司不同的企業文化和發展路線，根本不適合走到一起。但是在當時，在兩家公司的傲人業績和媒體的歡呼雀躍之下，二〇〇〇年一月十日，美國線上的創辦人史蒂夫·凱斯和時代華納的執行長傑拉德·萊文宣布了一項在當時看來世界上最大的合併計畫：美國線上要與傳媒巨頭時代華納合併，組建「美國線上─時代華納公司」。

這筆合併的交易金額達一千六百六十億美元，而新公司的價值在合併後高達三千五百億美元，相當於當時墨西哥和巴基斯坦兩個國家的國內生產總值之和。當時，凱斯和萊文滿懷信心地宣布，兩家公司合併後將成爲世界第七大公司，年銷售總額達三百億美元以上，將向全球提供「多樣化的資訊、娛樂和通訊服務」。

然而，合併之後，美國線上─時代華納公司的業績卻直線下滑。二〇〇三年一月十二日，董事長凱斯因公司陷入困境，引咎辭職。二〇〇九年十一月十七日，時代華納宣布將脫離美國線上，於十二月九日成爲獨立的公司。這一重回「自由身」的表態，也意味著這段爲時九年、被稱爲「歷史上最糟糕的企業併購案」的錯誤聯姻終告結束。

過度自信也許不是導致這個錯誤決策最直接的原因，但它的確促成了兩家公司的合併決定。在這場併購案中，時代華納支付了總體併購價的七〇%。時代華納執行長萊文事後對媒體說，爲了表示信心，他特意選擇放棄保險公司提供的賠償計畫，就是爲了向員工們表明他做的決定完全正確。

同樣值得一提的還有奇異公司的前執行長傑克．威爾許，他被譽爲商界的傳奇人物，很多人可能都在書店看過他的自傳。威爾許在擔任執行長期間，奇異公司的市值從一百三十億美元上升到四千八百四十億美元，威爾許本人貢獻了大部分功勞。然而，也是出於同樣的自信，他從九〇年代開始，試圖將奇異公司從一家製造業公司轉型爲金融業公司，這讓奇異公司在二〇〇八年的全球金融危機中損失慘重，二〇〇九年，市值落到了七百五十億美元。

除此之外，那些過度自信的「英雄」們還有誰呢？惠普的「女強人」卡莉・菲奧莉納不顧股東反對，強勢收購康柏而名噪一時，最後卻將惠普這家矽谷最優秀的公司帶入不歸之路。

安隆公司的肯尼斯・萊過度醉心於公司的快速膨脹而持續多年財務造假，最終導致這家擁有上千億美元資產的公司破產，並使得「安隆」成爲企業欺詐和墮落的代名詞。

迪士尼的「暴君」麥可・艾斯納一意孤行，宣布耗費巨資拍攝《珍珠港》，誇下海口要打破《鐵達尼號》的票房紀錄，結果血本無歸。

美國電信公司AT&T的蘭德爾・史蒂芬森堅持巨資收購T-Mobile，結果遭到美國政府反壟斷部門堅決反對而告終。

過度自信的企業領袖名單比我們想像的還要長。當然，過度自信絕不只是美國人的專利，比如日本豐田汽車的召回事件，英國石油公司的漏油事故，以及近年來在一些中國企業家身上，我們都能看到過度自信的影子。以智慧型手機產業爲例，賈躍亭的樂視手機、董明珠的格力手機、羅永浩的錘子手機、周鴻禕的三六〇手機等都失敗了。

二〇〇六年，過度自信被列爲美國企業主管最致命的弱點，到今天，它已成爲一種世界規模的「流行病」。

過度自信的心理剖析

如果我們試著描繪出執行長們腦海中的圖像，也許能夠發現他們決策的盲點和誤區。首先，我們會看到他們被放大的自我：擁有豪華轎車、香檳、奢侈的度假計畫，甚至是私人飛機；當他們面對下屬時，下屬們表現得完全順從；當他們在公眾場合說話時，人們會注意傾聽他的意見。在媒體的溢美之詞和公關部門的亮麗包裝之下，執行長變成了一個沒有缺點的人，即使有缺點也會被說成優點。

在這種狀況下，人可能不對自己的能力產生超乎實際的想像嗎？他們會認爲，如果我能夠從那麼多人中脫穎而出走到這裡，如果這麼多人都對我深信不疑，那麼我做出的決定必然是正確的。

其次，領導人普遍都有一種「往裡看」的自戀傾向。普林斯頓大學的丹尼爾·康納曼教授和加州大學柏克萊分校的丹·洛瓦羅（Dan Lovallo）教授在分析人們的冒險行爲時指出，當人們只顧「往裡看」的時候，他們只會看到自己的計畫多麼合理、團隊多麼優秀、資源多麼充分，按照這樣的條件，怎麼會不成功呢？

然而，他們沒有看到的是，競爭對手可能有更合理的計畫、更優秀的團隊、更豐富的資源，而這需要一種「往外看」的視角。實際上，執行長們往往都太關注自己的小世界，忘了在更廣闊的天地裡，還有不同的價值觀、不同的方法、不同的競爭方式，這讓他們不斷高估自己成功的機率。

最後，企業領袖的自負還源自於在決策上的「自我選擇」。他們選擇合乎自己觀點的意見，並忽略那些不和的見解。在用人上，他們會提拔和自己想法相似的人，選擇和自己意見一致的顧問公司。強力的領導者身邊往往都有一群追隨者，他們會把對執行長本人的喜愛，轉化爲對他決定的支持。這麼一來，決策者就很難聽到反面或者不同的意見了。

我們都知道偏聽偏信的壞處，可是，眞的聽到反對意見時，又有多少人聽得進去？假如執行長們在做每個決定時都要聽取不同的意見，鼓勵下屬辯論，衡量利弊，那麼，每天的幾十個、甚至上百個決策，又要怎麼做呢？

以上這些原因，讓過度自信成爲企業家們慣有的思維模式。

爲什麼很多公司對於風險和企業業績的估計總是過於樂觀？因爲他們把自己的主觀感情帶進了判斷。因此，我們經常看到企業在年報中發布令人振奮的數字，對經濟形勢的預測總是趨於利多。即使在危機已經顯露端倪的時候，也沒有人去注意它、談論它。歷史上，沒有人預見過一九二九年的經濟大蕭條，也沒有人預見過二〇〇八年的次貸危機，可是，危機的徵兆早已顯現。

爲什麼大廈將傾，決策者卻往往不知道？爲什麼在動蕩來臨之前，大多數人總是缺乏準備？顯然，過度自信的傾向，讓人們選擇對危險視而不見。

過度自信對談判的破壞力

在談判中，過度自信也影響著我們的行爲和談判的結果。一個過度自信的人總是對自己的目標充滿信心，因此，他拒絕做出任何讓步，更看不到妥協能夠帶給自己的好處。

爲了說明這個問題，我們舉一個具體的例子。設想你在一家公司工作了三年，最近被提拔爲部門經理。升職前，你的月薪是六萬元，你覺得升職後應該拿多少呢？

八萬？九萬？也許，你對自己薪資的期望值還要更高一些（十萬？），畢竟有野心不是壞事。回顧這三年來你對公司的貢獻之後，你覺得拿這薪酬是當之無愧。

這時，老闆來找你了，說：「你也知道，公司的加薪向來是有制度的。一般來說，加薪的幅度是一五％。對於表現非常優秀的員工，我們會給他升職，並且破例加薪到二〇％。恭喜你，繼續好好幹！」

你是否感到失望呢？原來，公司願意加薪的幅度遠遠比不上你的期望值。面對這樣的結果，你會選擇接受嗎？不願意，是不是？你拒絕了老闆的提議，要求在原來的薪酬基礎上再加兩萬元，也就是八萬元。

在幾番拉鋸戰式的討價還價中，公司通知你，可以保證給你月薪七萬五千元，這已經是他們能承受的極限。這時，你還會堅持自己的要求嗎？

你可能會發現自己的處境兩難：要嘛接受公司的條件，即使這個結果並不理想；要嘛堅持自己的要求，讓公司重新考慮。出於對自己能力的信心，也深知公司再雇一個人來代替你，將花費大量的時間成本和精力，因此，你選擇堅持自己的要求。

結果如何呢？老闆決定拒絕你的要求，談判終止。

這樣的例子，不僅表現在薪酬談判的問題上，還出現在企業爲產品定價、處理客戶關係、與供貨商談判等眾多的場合。過度自信，常常讓個人或企業在這些問題上遭遇僵局。由於過於相信自己的能力，不懂得讓步和妥協，結果就是自己和對方什麼都得不到。

爲了說明過度自信的弊端，哈佛商學院的麥斯・貝澤曼（Max Bazerman）教授和他的博士研究生瑪格麗特・尼爾（Margaret Neale）做過一個影響甚廣的實驗。實驗是模擬一起勞資糾紛的談判，工人們要求加薪一二％，而管理層只同意加薪一〇％。貝澤曼教授發現，那些對談判結果抱有合理預期的人，很快就以一一％的結果達成協議；而那些堅信自己一定會「獲勝」的人，最終無功而返。

我們可能會認爲，談判就是要以強硬的態度，讓對方接受自己的條件，表現得越強勢，獲勝的可能性就越大。然而，事實卻告訴我們完全不是這樣。一開始就擺出強硬態度、企圖讓對方屈服的人，也最容易面臨困境。中國古話說的「強極則辱」，就是這個道理。

那麼，對於企業家們來說，過度自信的教訓能帶來什麼啓示呢？

首先，如果你過去總是當贏家，這並不保證你下一次還會贏。甚至，成功有可能是失敗之父，「常勝將軍」的歷史會讓你更容易丟掉勝局。

其次，贏並不只意味著得到自己想要的東西，而是要找到讓交易或衝突各方都能達成一致意見的方式。越是成功的企業家，越是需要學習如何妥協。

最後，不要用自己的想像去代替實際。渴望成功的意念固然很好，但始終需要做好準備。如果當前的策略沒有奏效，是否還有備選方案？如果事情沒有朝期待的方向發展，你是否做好了因應最壞情況的準備？

結語

英國作家王爾德在他的小說《格雷的畫像》中講述了一個令人回味的故事。故事主角道林．格雷是個風度翩翩的富家公子，一個偶然的機會，他得到了一幅神奇的畫像，畫中的自己會代替他的眞實的自己老去，他就能永保年輕、英俊。直到有一天，他發現自己的眞實樣貌已衰朽不堪，在驚愕中倒地死去。王爾德以這樣一種誇張而黑色幽默的方式，警醒人們不要因爲過度自信而盲目自大，脫離現實。

然而，在警惕過度自信的同時，我們也應該承認，它在我們的生活中扮演著複雜、多面的角色。過度自信讓我們看到一個美化後的自己，它並不真實，然而，這樣的幻覺卻能夠鼓勵我們追求更美好的目標，把它們變成現實。獲得二〇一三年諾貝爾獎的美國經濟學家羅伯·席勒（Robert J. Shiller）曾經坦誠指出，那些植根於人性深處的缺陷，如自負、自私、貪婪、虛榮，也正是推動我們經濟生活前進的原動力。

的確，也正是這種種「缺陷」，讓我們既可仰首凝望一個更高尚的自己，也可俯身觀看一個更眞實、更平庸的自我。就讓我們帶上對自我充滿希冀又清醒的認識，繼續前行。

新版後記

歲月如梭，一轉眼，離《理性的非理性》首次出版已經九年了。這本書首次出版於二〇一三年，感謝磨鐵圖書和讀者朋友們的大力支持，首印在三個月內即告售罄，並位列京東網經濟類新書暢銷榜前十名！在二〇一三年底，這本書獲得亞馬遜中國電子書暢銷榜第一的殊榮！二〇一四年，這本書的繁體中文版也在港、澳、台，以及新加坡、馬來西亞出版。二〇一六年，感謝中信圖書的支持，這本書第三次出版。如今到了二〇二二年，再次感謝磨鐵圖書的支持，這本書得以第四次出版。

九年的時間，感覺似乎很長，卻又似乎很短，這一切都還歷歷在目。其實，人生亦何嘗不是如此？回憶自己的孩提時代，一切也都歷歷在目。

我出生在福建仙遊的一個小鄉村。今年暑假，我回老家看望九十六歲高齡的奶奶，老家還是幾十年前那個樣子，泥土砌成的房子，外牆下半部因爲擔心雨水沖刷而用雜石壘起來，屋裡有個天井，用以採光和排水。牆角的石頭就是我小時候最喜歡坐的凳子。大家可能想不到，即使是東南沿海的福建，農村到今天仍然很落後。

我在這裡生活到六、七歲。從小學開始，由於母親工作調動，我換了四所學校，頻繁的插班生經歷讓我多次體會到被人鄙視甚至欺負的辛酸。

小學二年級時，我第一次轉學到離鎮上更近的一個村子的小學，結果第一天下課後就因爲是外姓人，被當地幾個同學打了一頓。後來，母親調動到城裡的圖書館工作，我也幸運地隨她落戶到城裡，插班到縣城最好的小學——仙遊實驗小學。然而，卻因爲一開始不會講普通話而遭到歧視。

現在想來，我非常感恩母親當年一直積極尋找工作調動機會，爲我帶來更好的教育機會。到了城裡之後，我用半年左右的時間學會說普通話，並開始有機會大量閱讀各種圖書。母親在圖書館的工作是負責期刊閱覽室。雖然圖書館是清水衙門，收入就是一點死薪水，全家四口人擠在一個門高只有一．五公尺的矮房子裡，但她總說值得。每到晚上下班，母親都會把一些最新的、甚至還沒上架的期刊帶回家給我看。那時候的我，有時還會覺得母親怎麼可以這樣「自私」？由於擔心自己看得慢，影響到第二天期刊上架，我往往都會當晚全部閱讀完。

就這樣，我從一個玩泥巴的鄉下小孩，慢慢變成一個閱讀量極廣的孩子。小學畢業之後，我如願考上全縣最好的中學，也在考大學時如願考上清華。今天回頭來看，或許對我最重要的一張畢業證書並非來自清華大學，或是後來的哥倫比亞大學，而是仙遊實驗小學。這是因爲，要是沒有母親爲我帶來這個教育機會，就不會有後來的清華大學和哥倫比亞大學的求學經歷，更不會有今天的我！

優秀的教育機會往往價格較高，並非單靠個人努力學習就可以獲得。二〇〇〇年出國留學時，我得到了家鄉一位華僑的幫助，至今仍然對他非常感恩。當年出國留學需要賠償國家好幾萬元的「培養費」，這對我來說是筆天文數字。正好那時候家鄉一位華僑李文光先生，爲當地所有出國留學的學生設立了「李王十二妹」獎學金（以他的母親命名），我獲得了五千美元出國獎學金的資助，這對我來說眞的是雪中送炭！我在心裡暗暗立志，有朝一日，一定要回報他，回報社會。

二〇一〇年，我回中國後，在清華大學任教。有一天，我應邀去印尼講課，那個班上的學生讓我印象非常深刻，儘管人數不多，只有二十多人，但是平均年齡卻很大。因爲正好趕上第一天開班儀式，印尼的一位部長在開班致辭時說：「不要小看這個班的同學，儘管他們年齡都比較大，平均年齡六十七歲，最大的八十五歲，但他們控制了印尼 GDP 的二〇%左右！」

這確實令我感到震撼。以前聽說印尼的經濟命脈掌握在華人身上，但沒想到今天印尼這些最優秀的企業家居然都在這個班上！

然而，更加不可思議的是，當年資助我五千美元獎學金的李文光先生竟然也在這個班上！他認出我之後非常激動，邀請我共進晚餐。那一晚，我們聊了很久。世界上的事情似乎眞的有因果：他非常開心自己設立的獎學金能夠幫助培養出一位清華老師，也決定把這個獎學金繼續堅持辦下去；而我也非常感動，希望用所學多回報社會，爲中國培養出更多優秀的企業家！

從那之後，我一直致力於在中國傳播全球最先進的科學行銷理念和方法，在清華每年教授上千名企業家和企業高階主管，也經常應邀到全國各地做公益講座。

二〇一四年，應拉薩高新區邀請，我在海拔三千多公尺的拉薩做了一場公益講座。當時，家裡人爲我擔心：「很多人去西藏都有高原反應，而你還要去講課，要知道講課是最耗氣力的事情！」正在我猶豫不決時，拉薩高新區領導的一句話讓我無法拒絕：「鄭老師，您放心，我們保證您不會有高原反應，屆時會爲您全程提供氧氣瓶，您可以一邊講課一邊吸氧。」

那次的拉薩講座令我印象深刻，講座之後我接受了拉薩電視台的採訪，當時也是一邊吸著氧氣。

二〇一五年初，我在《文彙報》上向李克強總理建言「中國需要國家行銷戰略」。然而，就在我豪情滿懷的當口，命運卻和我開了一個玩笑。

二〇一五年初，在一次爬長城後不久，我發現自己的膝蓋居然出了問題，無法正常站立和行走。醫生的診斷是，由於長期站立講課，我的膝關節軟骨磨損，而且三十五歲之後軟骨不可再生。無奈之下，我只好接受了膝關節手術。

手術之後，我徹底失去了運動能力，不僅再也無法打籃球、跑步，就連自行車都無法騎，甚至無法上下坡、爬台階和走較長的路。更讓人鬱悶的是，原來猶如「空中飛人」的我，現在出差或旅行時不得不在機場申請輪椅和升降梯服務。對於習慣站在講台上，習慣在成百上千的聽眾矚目下進行激情演講的我來說，沒有比無法站立更痛苦的事情了。當時，在這種痛苦的情況下，清華大學副校長楊斌教授鼓勵我透過網路傳播自己的學術思想和理念。在他的邀請之下，我決定嘗試這種全新的網路教學方式。

二〇一五年十月，我的視頻課程《行銷：人人都需要的一門課》上線了。沒想到的是，這門課很快就有超過一千萬人次收聽，成為全中國最受歡迎的商學院課程之一。我意外地發現，自己竟然在不知不覺之中參與了一場網路教育變革。

每個人都無法改變出身，因此，要想改變命運，最重要的便是教育！而傳統的線下優質教育只能惠及少數人，大多數人仍然缺乏機會。今天，網路技術爲優質教育提供了從殿堂走入廳堂的可能。從這個意義上講，網路教育確實是一場變革，它可以幫助更多人獲得優質教育，幫助更多人獲得改變命運的機會！

在這之後的幾年時間裡，從最早的微信群語音直播，到後來的線下講課線上同步影音直播，再到今天的微信視頻號等短影音平台直播，以及線下帶領企業家同學們去哈佛、麻省理工學院、史丹佛、柏克萊、哥倫比亞大學等全球名校訪學，我一直在「互聯網＋教育」領域努力著，也因此在全國各地多了成千上萬名中小企業家學生。特別開心的是，很多學生的事業和人生確實因我而變得更好。

這些年的努力奮鬥，我也找到了我的使命：教育改變命運，我們改變教育！這種使命感讓我覺得努力奮鬥不再是一種辛苦，而是一種快樂和幸福。我也慢慢從膝蓋受傷的消極情緒中走了出來。

二〇一五年到二〇一七年，我連續三年應邀前往韓國在世界知識論壇演講。當時，我驚喜地發現，主辦方居然將我因膝蓋受傷坐著演講的照片放在網站首頁頭條，下方則是當年眾多的重量級演講嘉賓，包括德國前總理施羅德等。我知道，自己今天的成就與這些全球重量級嘉賓根本無法比擬，但這是主辦方給我的滿滿鼓勵。

回想過去，我因為教育，獲得了改變自己命運的機會。今天，我希望能夠借助網路的力量，把優秀的教育機會分享給更多需要的人，尤其是年輕人。而這僅靠一個人的力量遠遠不夠，還需要更多的教育者、學習者、傳播者等投入「互聯網＋教育」的變革。

今天，《理性的非理性》即將第四次出版。圖書與網路對教育的普及非常類似，都是透過最低的成本，傳播人類最優秀的思想和研究成果。這本書裡展示的人類判斷和決策行為規律，很多都是獲得諾貝爾獎的。我衷心希望，這本書能夠讓更多人了解這些人類行為和決策領域的科學成果，讓這些規律在商業中發揮巨大的作用，並幫助企業將它們轉化為實實在在的經濟利益。

最後，感謝這本書的六位推薦者：美國行銷協會前主席大衛．雷伯斯坦教授、哈佛商學院高級副院長潘夏琳教授、華頓商學院前院長湯瑪斯．羅伯森教授、史丹佛大學商學院伊塔瑪．賽門森教授、清華大學副校長楊斌教授、北京大學陳春花教授。感謝學術界和企業界眾多朋友對這本書的肯定和熱情推薦，使得這本書一版再版！感謝成千上萬的同學們的支持，是你們的期待和支持使得我一直堅持努力！

最後，感謝家人的關心和愛護，讓我在膝蓋受傷的困難下，永遠保持前進的動力！

鄭毓煌

二〇二二年一月於清華園

國家圖書館出版品預行編目資料

理性的非理性：10個行為經濟學關鍵字，工作、戀愛、投資、人生難題最明智的建議／鄭毓煌．蘇丹著. 初版. 臺北市：先覺出版股份有限公司，2022.08
352面；14.8×20.8公分（人文思潮；157）

ISBN 978-986-134-428-7（平裝）
1.經濟學　2.行為心理學
550.14　111009641

Eurasian Publishing Group 圓神出版事業機構 用心與你對話．視野無限寬廣
先覺出版社 Prophet Press

www.booklife.com.tw　reader@mail.eurasian.com.tw

人文思潮 157

理性的非理性

10個行爲經濟學關鍵字，工作、戀愛、投資、人生難題最明智的建議

作　　者／鄭毓煌、蘇丹
發 行 人／簡志忠
出 版 者／先覺出版股份有限公司
地　　址／臺北市南京東路四段50號6樓之1
電　　話／（02）2579-6600．2579-8800．2570-3939
傳　　真／（02）2579-0338．2577-3220．2570-3636
總 編 輯／陳秋月
資深主編／李宛蓁
責任編輯／劉珈盈
校　　對／李宛蓁．劉珈盈
美術編輯／林雅錚
行銷企畫／陳禹伶．黃惟儂
印務統籌／劉鳳剛．高榮祥
監　　印／高榮祥
排　　版／莊寶鈴
經 銷 商／叩應股份有限公司
郵撥帳號／18707239
法律顧問／圓神出版事業機構法律顧問　蕭雄淋律師
印　　刷／祥峯印刷廠
2022年8月　初版

原著作名：理性的非理性：生活中的怪誕行為學
作者：鄭毓煌．蘇丹
本書由天津磨鐵圖書有限公司授權出版
通過四川一覽文化傳播廣告有限公司代理授權
限在全球，除中國大陸地區外發行

定價370元　ISBN 978-986-134-428-7